【文庫クセジュ】

ガリレオ

伝説を排した実像

ジョルジュ・ミノワ著
幸田礼雅訳

白水社

目次

序論

ガリレオは、ヨーロッパ文化史における中心的人物である。ガリレオは物理学、数学、哲学、神学、そして文献注釈学といった複数の領域が交差する点に立っているからである。厳密に言えば、彼は科学者ということになる。しかし、彼が生きた時代は厳しいカトリックの監視下にありながら、学問の統一が根元的な承認を求めていた時代であり、そうしたなかにあって彼の営為は、当然、哲学と神学に影響を及ぼした。

それまで科学的研究は教会勢力によって行なわれ、彼らの信仰上の要求によって導かれていた。彼らは啓示の書〔聖書〕と自然の書とを一致させる必要性を意識していた。教会側に立つ人びとのなかには、たとえば律修司祭〔キリスト教会内における階級で、とくに大聖堂に附属し、その運営面で責任を負う司祭〕だったコペルニクスのように、大胆な考えを慎重な仮説にとどめることによって聖にして母なる教会の本道に戻されたり、ドミニコ派のジョルダーノ・ブルーノのように、さまざまな神学・天文学上の異説を唱えたため生きながらにして焼かれたりする者もいた。

ガリレオは俗人であり、トスカーナ大公の庇護を受けた。もちろん彼はカトリック教徒であったが、それ以上に数学者であり、物理学者であり、天文学者であった。彼は科学を信じ、数学的証明にもとづく必然的な真理を奉じていた。その一方、彼は数学的に証明された科学的真理を信じるよう、同時代人を説得しなければならないと考えた。真理は、ボワソー桝〔枡であると同時に穀量の単位で約一二・七リットル。中世においては穀物税のため宣誓検査官がこれで小麦などの量を査定したが、ごまかしの代名詞として使われた言葉〕で量るようにごまかされてはならないと考えたのである。本格的な文才の持ち主だった彼は、自分の発見を俗語で広め、一般大衆に働きかけずにはいられなかった。このことからしてすでに彼は現代的な人間であるが、当時の伝統的な科学は、秘密を涵養し、人文主義者の書斎から出ようとはしなかったのである。ガリレオは他者と思想を共有しようとした。そのことが、慎重なデカルト(1)をはじめ多くの人びとを苛立たせた。

(1) デカルトは「アリストテレスと聖書を混同し、ローマ教会の権威を乱用して自己の願望を実現しようとしている連中」を恐れて『世界論』を隠蔽し、のちに一六四四年、アムステルダムで刊行した『哲学原理』においては自分の思想を偽装しようとするあまり何をいっているのかわからなくなった。巻末参考文献(訳者による)ME1、四〇五頁を参照〔訳註〕。

彼のなかには三人のガリレオがいる。ひとりは個人としてのガリレオ、親友や家族といった親密な関係のなかのガリレオである。膨大な書簡からはガリレオの人間性が透けて見え、われわれは彼がどのような人柄であったかを見定めることができる。

第二は学者としてのガリレオである。彼の著作はおびただしい数に上り、それらは一八九九年から一九〇九年の一〇年間に全二〇巻の見事な全集となって刊行された。ガリレオの真の科学的功績は、これによって評価が可能となった。ウィリアム・シーア著『ガリレオ革命』のような優れた最近の研究書は、こうした側面に関心をよせており、議論を呼んでいる（西欧科学史においてガリレオの功績をどのように位置づけるか、方法論の次元か、それとも知識の次元に位置づけるか？　彼は学者というよりはむしろ普及者ではないのか？　といった議論である）。

さらにもうひとりは、いわゆる事件屋のガリレオ、つまりスキャンダル発生の張本人ガリレオである。このようにいうのは、ガリレオ事件には、一部の人びとが信じ込ませようとしているような謎めいたものは一切ないからだ。この側面を通してガリレオは、それまで全能だった全体主義的な宗教と対決する科学の自主性と、その主張の象徴とされた。一方で彼は、自由思想の殉教者に仕立てられたが、別の人びとにとっての彼は、依然として裁判上の誤謬というより、不運にも後世の語りぐさにまでなった誤謬を思い起こさせる厄介な存在となった。なぜならば、この歴史に残る一大誤謬によって、教会は物笑いになってしまったからである。一六三三年の事件は、科学と信仰のあいだの葛藤を白日のもとにさらけ出した。

以上三つの側面を理解するには、それらを同時進行的に研究しなければならない。それこそ、われわれが重要ないくつかの段階を踏みながら、時系列的に彼の生涯を区切ってたどったゆえんである。

第一章　修業時代（一五六四～一六〇九年）

一五六四年二月十五日、トスカーナ大公国のピサの町で、古い小貴族の血を引くヴィンチェンツィオ・ガリレイとその妻ジュリア・アンマナティ・ディ・ペスチアのあいだに長男が生まれた。子供は受洗によってガリレオと名づけられ、したがってガリレオ・ガリレイと呼ばれた。のちに彼は、二人の弟と四人の妹をもつこととなったが、このうち弟のミケランジェロと、妹のヴィルジニアとリヴィアの三人の弟妹だけが将来学者となった彼の人生において一定の役割を果たす。

当時トスカーナはイタリア半島の主要大国の一つで、旧国家〔stato vecchio イタリア統一前（一八六一年）の国家群の一つ〕フィレンツェや、シエナなどからなり、人口はおよそ五六万、うちピサは一万、フィレンツェは六万を擁していた。久しい前から初期ルネサンスの輝かしい時代は過ぎ去ってはいたが、トスカーナ大公コジモ・デ・メディチ一世は、なおかなり華やかな宮廷を維持していた。そこでは特権的な枠のなかで知的活動があいかわらず盛んに行なわれていた。この国以外のイタリア半島は、ヴェネツィア共和国、ミラノ公国、ジェノヴァ共和国、教皇領、ナポリ王国によって分かたれていたが、これらの国家群の関係は複雑で、フランスとスペインの介入によって混乱していた。

I　合理精神

　ガリレオの母は、母としての資格に欠けるところがあったようだが、父ヴィンチェンツィオは息子の初等教育において無視しがたい役割を果たした。一五七四年、リヴォルノと覇を争ったピサが完全な凋落の時代に入り、大量の人口流出にみまわれたとき、ガリレオ一家はフィレンツェに移り住んだ。父は商人でもあり、首都フィレンツェのほうが商売がしやすかったからである。

　ガリレオの知的形成は、初めはやや混沌としてかなり折衷的であった。彼は、まずヴァロンブローサの修道院に入ってカトリックの教えと論理学の基礎を学んだ。一五七八年、十四歳になった彼は、あるいはそこで修練者の衣装を着けたかもしれない。しかし、父は別の考えをもっていて、彼を家に引き戻した。一五八一年から八五年にかけて、彼はピサの大学で好きでもない医学の勉強をつづける。その一方で一五八三年頃から、ガリレオは多少とも人目を忍んで、オスティリオ・リッチから数学の講義を受ける。偉大なタルタリア(1)の弟子であったリッチは、尊敬するアルキメデスから受けた実際的精神において数学という学問をとらえようとしていた。つまり数学は自然を学び、機械を動かす手段だと考えたのである。この考えはガリレオにとって大きな啓示となった。ガリレオは数学に類い希な才能を発揮した。一五八三年、十九歳になったとき、彼は振り子の等時性にかんするすばらしい研究を行なった。リッチはデッサンのアカデミーの教師で、つねに数学的基礎にもとづきながら弟子に建築、遠近法、工学の手ほどきをした。この頃からガリレオは調和のとれた、飾り気のない古典的美にたいする好みを示しはじめ、とりわけ円を愛し、当時フィレンツェで流行していたマニエリスムの曲がりくねった傾向を排するようになっていく。

（1）ニコロ・フォンタナ・タルタリア、一四九九年または一五〇〇〜五七年。数学者、工学者。多くの著書を著わし、三次方程式の解法を発見し、数学関係の編集の分野で高く評価された。タルタリアは、初めて数学を用いて大砲の弾道計算を行なった。彼の研究は、のちにガリレオよる落体の実験により検証された〔訳註〕。

同時にピサでガリレオは、アリストテレスを専門とするフランチェスコ・ボナミコから哲学の講義を受けた。こうして彼はスタゲイラ出身の哲学者〔マケドニアのスタゲイラは、ギリシアの植民地でアリストテレスの生地〕の物理学や宇宙学の知識を充分に吸収するのだが、この哲学者の学問こそは、当時の宇宙にかんする説明において侵すべからざる公認の体系として君臨していたのである。アルキメデスの流儀に沿った理論的数学と実践的数学、そしてアリストテレスの定性的物理学を同時に習得したことによって、彼は世界を神人同形論によって動かされる広大な有機体とみるか、厳密に数学的な構造をもつ機械とみるかという、将来の根本的なジレンマへの一歩を踏み出した。

おそらく彼はピサ大学を去って、いかなる資格もたずにフィレンツェにもどるとき、自分がこのジレンマのなかでどれほど大きな賭けをすることになるかにまだ気づいていなかったろう。一五八五年から八九年まで、若い彼は両親の家に起居して数学を教えて金を稼ぎ、あらゆる領域での教養を深めていった。この事実は重要である。というのも、厳密な科学の枠を越えて好奇心の横溢するガリレオは、紛れもなく人文主義者なのだ。換言すれば、当時の科学、哲学、宗教、芸術、文学は画然と仕切られた領域ではなかった。諸々の活動と人智にかんする概念は大きくまとまっているので、ある部門における立場の確立は、他のすべての部門に波及していくのである。ガリレオという人間は、機械論的な近代科学の基礎をおくことによってまさしくこうしたジャンルの分化を確立しようとしていた。のちに諸研究が複雑化するのにともなってこの分化傾向は強まり、ついには個人の精神が全体を統御することは不可能になっていくのである。ガリレオは、多芸な素人としての人文主義者と、一芸に秀でた職業人としての専門家とのあいだに立つ過渡的存在であった。彼にとって人生の根本問題の一つは、まさにこの点にあった。彼は統一的な学問の世界に断絶をひきおこし、当時の知的社会が金輪際、認めえない科学と信仰の分離独立を標榜したのである。

ガリレオは理性的で、かなり情緒に乏しい人間である。のみならず、彼の家庭は暖かみに欠けていた。ジュリア・アンマナティは母性的資質をもたず、彼女と子供たちのあいだには本格的な情愛が存在しなかった。ガリレオが家族の生計を確保したのは、純粋な義務感からだった。彼の感情生活はきわめて単純な表現に要約される。すなわち、ガリレオは自分の研究をつづけるために、娘たちを至極冷淡に修道院に入れてしまう。長女とのあいだにあった最も親密な絆さえ、理知的な関係であった。

暖かみの乏しいこの知識人の宗教感情もまた、情緒が欠落していた。彼にとって宗教は、まずもって確かな世界観であった。ガリレオの神は「偉大な建築士」であり「時計職人」であり(1)、見事に数学的構造をもった宇宙の創造者なのである。愛の神、受肉〔三位一体説において神の「子」が、人類救済のために人間性をとって、イエスという歴史的人物になったことを指す〕、贖罪といったものは、知識としては受け入れるものの、深く執着するべきものではなかった。機械論的宇宙観にたいする攪乱要素、すなわち奇跡や神秘といったことについては、彼は一度として考えたことはなかった。確かに彼は教会を敬い、尊重した。教会は世界的な規模をもつ組織体で、世界の体系や宇宙の真理を広め、強制しえる唯一の制度と考えられた。だからこそ彼は、かくも多大なエネルギーを費やし、自分が真理と信じる太陽中心説[2]へと教会勢力を宗旨替えさせようとした。つまりこの真理が普遍的になるには、教会を通じて以外にないと考えたのだ。

（1）「偉大な建築士」は万物の創造者としての神、「時計職人」とは世界を統御する神の意としてしばしば用いられる暗喩〔訳註〕。

（2）太陽中心説は地球中心説に対する言葉だが、地動説と本質的には同義である。前者については筆者は mobilite de la Terre などと地動説を思わせる言葉も使い、その区別はあまり厳密ではない。最近では地動説より太陽中心説と言うべきだという意見が強いようだが、本書ではすべて著者の言葉に従って訳した〔訳註〕。

このように信仰にたいするもっぱら知的な考えゆえにガリレオは、カトリック改革を掲げるローマ教会のもとで一気に根無し草の状態に陥ってしまった。ここでは合理的な思想は、ばかげたバロック的センチメンタリズムとの均衡におかれ、理性は聖書の寓意的な解釈や教父的権威の尊重、あるいは伝統の特権と聖典によって定められた限界を受け入れなければならなかった。トリエント公会議〔一五四五～一五六三年、教皇パウルス三世によってトリエントで開催され、宗教改革にたいするカトリック教会の姿勢を明確にし、カトリック改革の原動力となった〕後、信仰上の要請とガリレオとのあいだの齟齬は加速度的に明らかになる一方であった。

当時の天文学界のもう一人の巨人、ヨハネス・ケプラー（一六五一〜三〇年）とガリレオとのあいだに生まれた相互の無理解もまた、その大半は彼の無条件の機械主義的合理主義によって説明される。二人は太陽中心説を共有し、互いに尊敬しあい、手紙のやりとりもあった。しかしガリレオは、あくまで限定された宇宙を信じ、疑わしい特徴の多いこのドイツの学者と自分とは違うと本能的に感じていた。たとえば、ケプラーの引力の現象にかんする観念は、ピサ人である彼には魔術のように思われた。[1] ケプラーは星占いの意見を述べたり、錬金術に関心をよせたり、いささか中世的な精神を残していた。彼がプロテスタントであることなど、ガリレオにとってはどうでもよいことだった。一方、ケプラーは、惑星は楕円軌道で回っていると断言したが、それはガリレオにとっては認めがたい。なぜならば「円は幾何学的に完璧な形であり、したがって天空の軌道を司らなければならない」からである。「ガリレオは楕円にたいして、歪像にたいするのと同じくらいの、抗しがたい反感をもっていた。[……]ケプラーの天文学は彼にとってマニエリスムの天文学に思えた」とアレクサンドル・コイレは書いている。ここではケプラーが正しい、といっても、二人のうち、より現代的なのはガリレオのほうだ。

（1）引力についてケプラーは、距離の二乗に反比例する力によって、惑星が太陽に引かれているという事実に気づいていた。しかし、彼は「太陽と惑星のあいだに、磁力のような力が存在する」として、その力の正体を解明するにいたらなかった〔訳註〕。

一五八八年にフィレンツェ・アカデミーで行なわれた興味深い『ダンテの地獄界の形、位置、大きさについての二つの講義』にみられるように、若年からガリレオの美学、文学、科学、ならびに宗教の各概念のあいだには深い統一があった。しかし、同じ頃から一部の学者たちの注意を引きはじめていたのは、彼の応用数学の業績（物体の重心にかんする理論の発見やアルキメデスの静水力学的バランスの再発見など）であった。すでに彼はいくつかのテーマで、イエズス会士の有名な数学者でローマ在住のクリストファ・クラヴィウス神父〔一五三八～七四年。ドイツ人数学者、小数点の発明などで有名〕、パドヴァ大学の外人講師モレタ、グィドゥバルド・デル・モンテ侯爵〔一五四五～一六〇七年。数学者、哲学者、天文学者〕などと交信している。

侯爵には枢機卿の兄弟がおり、この卿がトスカーナ大公フェルディナンド・メディチ一世に働きかけ、そのおかげで若いガリレオは、一六八九年にピサ大学の数学教授の職に就くことができた。平凡で決して高いポストではなく、報酬も低いが（年俸は医学部教授の二〇〇〇エキュにたいして六〇エキュ）、弱冠二十五歳の青年にとっては無視できない安定した仕事だ。これによって科学界でのステータスもあたえられ、彼は個人的な仕事をつづけ、自身の研究を深めることができるようになった。

Ⅱ　世界の体系

大学の世界、つまり公の学者の世界に入った彼は、当時ほぼ満場一致の支持を得ていた宇宙の体系と直面した。それはまずアリストテレスの物理学と宇宙論である。全面的に帰納法によって確立された精神の偉大な構築物であるこの宇宙論は、感覚上の経験から出発し、卓越した精神によってある一定の目的において組織された永久的物質の存在を肯定しようとする。宇宙は、透明な八層の同心円的空間からなる閉じられた巨大な集合体とされる。そして、これらの層が回転する中心の定点にあるのが地球である。各層には惑星が固定され、四番目の層には太陽、その外側の八番目には星が存在する。最も小さな空間は月が固定されていて、それはそれより下方の世界、事物が変化し、変質し、腐敗していく世界との境界を区切る。これより外側は普遍の天空で、いかなる変化によっても変わることはない。月の下、つまり地上の世界では、すべてのものにそれぞれの性質があり、それぞれに自然の位置がある。重い、つまり「重力」のあるものは下に、軽いものは上にある。この世界の自然状態は、休止である。運動とは、外的作用によって引き起こされた過渡的な状態にすぎない。自然の環境から引き離されたあらゆる物体は、もとの場所に帰ろうとする。軽いものは上に向かい、重いものは下に向かう。運動は物体がその自然の位置を取り戻したときに終わる。物体は重ければ重いほど早く自然の位置に向かって落下する。自然の位置から投げ出された物体は、動因がなければある一定の時間は離れつづけるが、それは密接する環境がそれに及ぼす反作用があるからである。すべての物体は、最短距離、つまり直線でその自然の位置にもどろうとする（周囲の環境の作用だけが、それを遅らせはするが）。したがって、無の存在は排除される。かりに無が存在するとしても、物体はただちにその自然の場を回復するであろう。こうした一つの目的に向かって整序された世界においては、科学的研究は観察すること、常識との明確な約束にもとづいて事物を性質や種類によって分類すること、そして人体からの類推において論理的に原因と結果のタイプを演繹することから成り立っている。すべてが質の関係の問題であり、牽引と反発を目的とする問題である。このような活力が作用する世界においては、測定すること、量を定めること、数式化することは意味をもたなかった。

十五世紀になってこのような大枠の概念には、とくにガリレオが関心をよせた運動の理論において、パリの思想家から微妙な変化がもたらされた。たとえば「自然に反して」投石機で発射された石の軌跡を瞬間的にたどるため、ニコラ・オレーム（一三二五〜八二年。フランスの経済学者、数学者、天文学者）、ジャン・ビュリダン[1]をはじめとする若干の人びとは、機械が石に突き進む推進力「インペトゥス」を仮定した。漠然としたこの概念は、対象に「暑さ」とか「冷たさ」といった質を加えたにすぎない。運動の源泉がもはや周囲の環境のなかにではなく、運動する物体そのもののなかにあたえられたという意味で、確かにこれは進歩かもしれない。しかし、これでは運動の数学的研究は、依然として不可能である。

（1）一二九五年頃〜一三五八年。司祭。ヨーロッパにおける科学革命の火付け役の一人で、中世後期を代表する哲学者。本文にあるインペトゥスImpetus理論を展開し、現代的な慣性の概念に迫った。この理論は懐疑主義と科学革命の夜明けであり、ガリレオの研究の露払い的な意義があったとこんにちでは評価されている。アレクサンドル・コイレはこれを「勢力」あるいは「籠められた力」と呼んでいる。参考文献AK1、三九頁〔訳註〕。

宇宙学にかんする分野では、アリストテレスの体系（というより、天体の運行について惑星の周転円説〔地球を中心として従円を描き、従円上を一定の速さで動く点を中心とした周転円上を惑星が運行しているという考え〕を加えてプトレマイオスが完成させた体系）が金科玉条とされた。もちろんこの体系では、天文学的観測を説明するうえで数学的歪みが出ることは避けられないが、大枠の構造は常識や一般的経験、人類中心説や宗教感情などと一致しており、反論されるにはいたらなかった。

ところが、一五四三年以来変化が起こり、『天体の回転について』においてコペルニクスが太陽中心説を発表した。この理論によって多くの現象が従来よりずっと簡単に説明できるようになった。地球に太陽の回りを回転させたほうが、すべてが数学的に単純になった。だが人びとが大地にしっかりと足をつけているとき、そんなことが実際信じられるだろうか？　計算を容易にするための研究上の仮定としてなら、太陽中心説を受け入れることはできる。科学や宗教の権威者たちは、この説をそのようなものとして理解した。コペルニクスの宇宙論は、それ以外の点では依然としてきわめて古典的である。天体内に円運動しか認めていない彼の理論は、太陽を中心として形成され、かつ閉じられた空間であった。

それゆえコペルニクスは許された。しかし、彼の地位は不安定で、曖昧であった。すべては彼の理論にどれほどの現実性を認めるかにかかっていた。そこに数学的な強みはあるが、長いあいだ実験的にも具体的にもその確かさは証明されないままなのだ。この理論が潜在的に危険であるゆえんは、当時の知的権威が公認する思想、すなわちアリストテレス主義をひっくり返したいと願うすべての人びとを集める起点として役立つことにあった。十六世紀末頃になると、多くの青年たちは学界や大学の保守主義にたいして立ち上がり、アリストテレス主義的桎梏に抗議し、新しい道を求めるようになった。コペルニクスの計算はよく理解できないものの、その新しい宇宙論は彼らにとって集結点であり、反アリストテレス運動の旗印となった。彼らの多くは科学者というよりは文人で、文化の改革を望んでいた。

宗教を問題視しようと考える者は誰ひとりいなかったが、偏向はつねに起こりえた。地球から宇宙の中心を外してしまえば、人びとはどこでとどまりえるだろうか？　一五七六年、イギリス人トーマス・ディッグス〔一五四六〜九五年。天文学者。ティコ・ブラーエの観察した超新星（SN1572）の視差を測定し、それが月の軌道の外側にあることを示した〕がコペルニクス説にもとづいて固定空間を吹き飛ばし、無限の宇宙へ道を開いた。さらに深刻なことに、ドミニコ会修道士ジョルダーノ・ブルーノがコペルニクスから形而上学的結論を引き出し、宇宙は無限であるばかりでなく永遠であり、無数の居住可能な世界からなりたっていると断言した。すなわち、宇宙には魂があり、その外見的な変化はある形態から他の形態への移行にすぎない。星は宇宙の神聖な魂からのメッセージであるとした。まさしくキリスト教的神学は木っ端微塵である。この修道士は焚刑に処して黙らせなければならなかった。科学的議論は毒気を帯び、きなくさい臭いが漂うようになる。さまざまなジャンルが錯綜しているこの時代にあっては、聖書からしかじかの言葉を結論めかしてもちだせば、それだけで、議論が泥沼化していくには充分であった。

アリストテレス・プトレマイオス的議論とコペルニクス説のあいだに、もう一つティコ・ブラーエ（一五四六〜一六〇一年）の宇宙論的解決の道が存在した。デンマーク出身の天文学者ティコは、惑星は太陽の回りを公転し、その太陽が地球の周りを回っていると考えた。このスマートな妥協案は多くの保守主義者を満足させた。たしかにこれはコペルニクス説よりアリストテレス説に近かった。彼はまたコペルニクスにたいして感覚的実験からの反論（たとえば地球が動いていれば塔の上から発射した銃弾は塔の真下には落ちないはずだといった反論）、あるいは計算上の反論

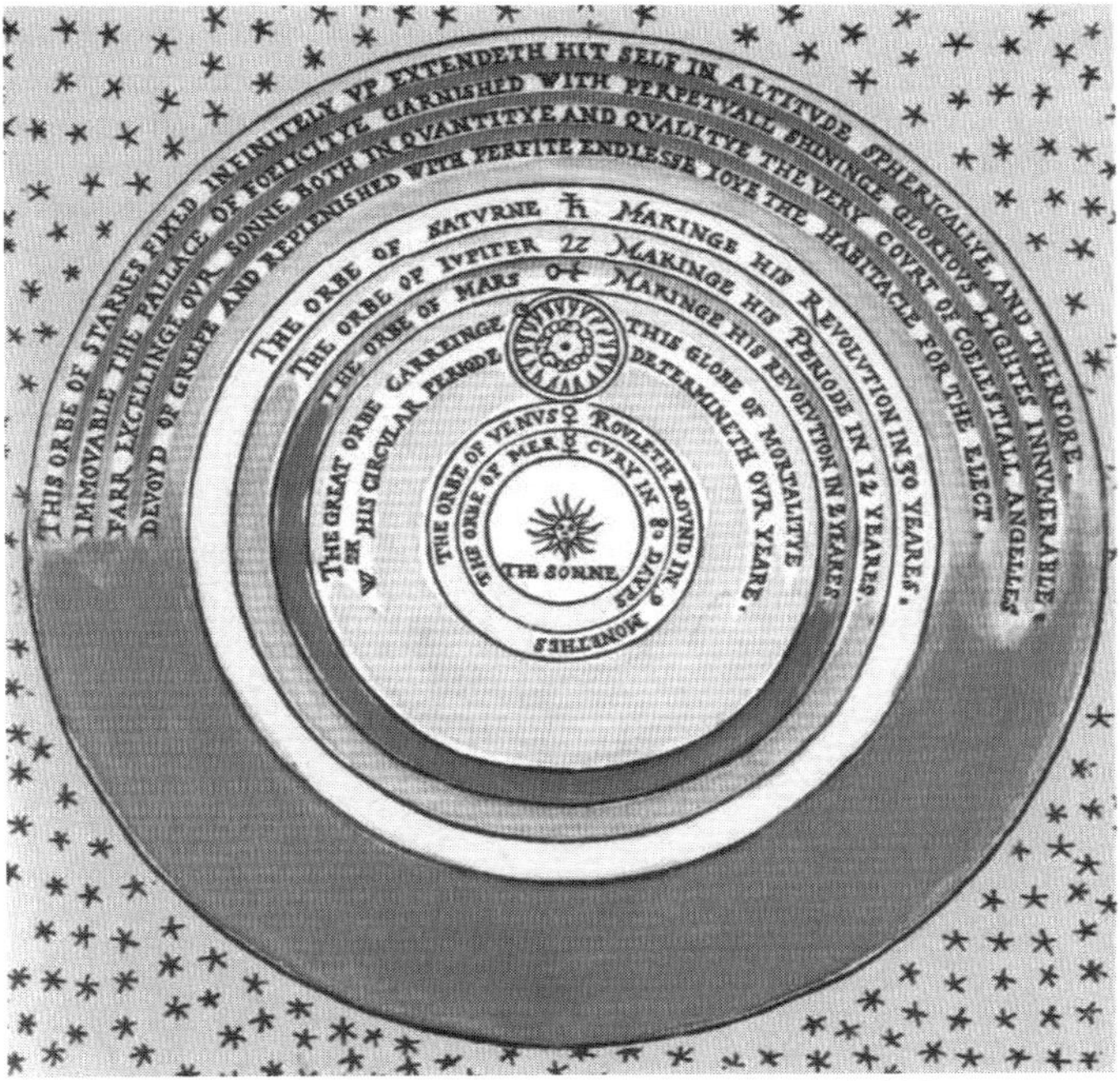

トーマス・ディッグスによるコペルニクスの宇宙図

中心から順に

① 太陽

② 水星の軌道，公転周期80日

③ 金星の軌道，9か月で公転する．

④ この軌道は滅ぶべき者の世界（地球）を運ぶ．公転周期はわれわれの1年を決定する．

⑤ 火星の軌道，公転周期2年

⑥ 木星の軌道，公転周期12年

⑦ 土星の軌道，公転周期30年

⑧ この非常に高いところにある恒星の軌道は，天空の高緯度のところへ広がっていて，それゆえ動かない．至福の天宮は永遠に輝く無数の光で飾られ，数においても質においてもわが太陽のとうてい及ぶところではない．天使の庭は悲しみがなく，選ばれた人びとの住居を終わりのない完璧な愛で満たした．

出典：David Whitehouse, *Galilée, vie et destin d'un génie de la renaissance* (Trad. fr.), 2009, p131.

(コペルニクスの宇宙の規模はアリストテレスのそれより六〇〇倍も大きく、受け入れがたいという反論)を行なった。

一五八九年十一月十二日、ピサ大学でガリレオが講義を開始したのは、このように全体としていささか理論的に混乱した状況においてであった。彼は一体どの陣営に与しようとしているのか? おそらく彼はまだはっきりと態度を決めていなかったであろう。だが、彼はこの時期から、ジョヴァンニ・バチスタ・ベネデッティ(一五三〇~九〇年。イタリアの数学者、物理学者。一五五四年に、物体が受ける抵抗は体積ではなくその表面積に関係することを証明する)の著作、なかでも一五八五年にトリノで刊行された『さまざまな数学的物理学的考察を含む書』に強い影響を受けた。数学と経験的証明にもとづいたベネデッティの方法は、ガリレオを魅了してあまりあるものがあった(のちに見る異なる物体の同時落下にかんする結論は、ガリレオ以前、一五八五年のベネデッティの著作において発表されていた)。ところがベネデッティは、ほとんどすべての領域でアリストテレスと対立していた。彼はコペルニクス派であり、かつインペトゥス理論を擁護した。

ガリレオが進んだのは、まさしくこれら二つの方向であった。数学の教師として彼は、アリストテレス派にとってはあまり面白くない領域で、おおいに独立的に振る舞うことができた。さらに、にわかに彼は、自然の理解に不可欠と思える運動の研究に取り組んだ。このテーマにかんしていくつもの小論を発表し、それらを『運動について』にまとめた。そこで、彼はアリストテレスを血気に任せて一刀両断し、「この領域でスタゲイラの哲人は真理に反することを書いた」と断言し、「彼が『天体論』に詰め込んだ、あんなにも幼稚な議論と、あんなにも馬鹿げた難問の研究に反駁するために、これほど多くの言辞を使わなければならないのは疲れるし、恥ずかしいことだ」と不敵な傲慢さで述べている。自信満々、やや高慢で喧嘩早い人物……と、当時のガリレオは見えたし、その気性ゆえに同僚たちとの関係は気まずくなっていく。

同様の不遜な攻撃性は、『運動について』においても見られる。当然ながら彼は、運動の法則の解明は、数学のみができると信じていた。その一方、「アリストテレスは幾何学上の深遠な発見を無視したのみならず、この学問の最も初歩的な原理さえ知らなかった」。彼の信奉者たちは「今なお幾何学オンチ」だと記した。さらに彼は「真のお手本は、万物を理解した神聖にして超人的なアルキメデスである」と書いた。数学以外に人類の救いはない、……というのがすでにガリレオの信条となっていた。

Ⅲ　ピサと架空の実験

一にも二にも実験主義というガリレオのイメージは、彼を賞賛して最初の伝記を書いた十七世紀のヴィンチェンツォ・ヴィヴィアーニ(1)によってつくりあげられた。このイメージは、実証主義時代における近代的学者について人びとが抱く観念に対応しているだけに、より容易に認められた。ここでは学者は、自然に問いかけ、いろいろ実験を考え出し、物理的に確認する人間と考えられている。ガリレオにかんしてもこのイメージは、必ずしもまったく不正確なわけではない。彼は父親がある種の音楽理論を実験によって否定したのを目撃したし、彼自身一定の実験を実行し、書物においていろいろと書いてはいた。しかし、あとで何度か触れるように、ガリレオの「実験」は多くの場合、想像上の実験であった。科学史家たちは、当時の初歩的な手段をもってしては、そうしたすべての物理実験は不可能であることを証明した。

（1）一六二二年〜一七〇三年。フィレンツェ出身の数学者、科学者。トリチェリの弟子であり、軟禁状態にあった晩年のガリレオの助手として働き、ガリレオの最初の伝記を書いた。彼はまた音速の測定などを行なった〔訳註〕。

ピサ時代に入るや、ガリレオは当然、アリストテレスがその理論をあまりに感覚的な実験に託しているといって非難しはじめた。たとえば、運動論にかんしてスタゲイラの哲人は、周囲の環境に応じて物体の運動速度は速くも遅くもなると断じるが、その理由は感覚的実験、すなわち「物体は水中にあるより空中にあるほうが早く動く」ということでしかない。これでは不充分で、人をあやまった道に導く、とガリレオは『運動について』において述べ、さらに「われわれが独自の考え方を打ち出せば、その主張はアリストテレスの意見を崩壊させるだろう」と述べた。その「考え方」とは「幾何学的証明」であった。

あやふやな器具の状態や、不安定きわまりない感覚から誤謬の危険が生じやすい実験よりも、事実の核心に迫りえる数学的理論を優先しようというわけである。とはいうものの、そこがガリレオの手口の巧妙なところで、彼は数学的法則を語りながら、理想的条件における実験を考え、それをわざわざ実施する必要もないくらい完璧に説明してみせた。つまり、この架空の実験によれば、人は数学的理論を確認せざるをえないことを、彼は「心得て」いたのである。

彼はそのことを『天文対話』〔一六二〇年頃、教皇ウルバヌス八世の依頼で書かれ、一六三二年に発表され、第二次ガリレオ裁判の発火点となった。正式タイトルは本文一一七頁参照〕の地球の運動にかんする一文ではっきりと認めている。古来からつづいた地球回転説にたいする反対意見は、もし地球が回っているとすれば、石を真上に投げあげた場合、落下時間中に地面は先に動いてしまうから、石はもとの場所には落ちないはずだという点にあった。だが、それはありえない、とガリレオは反論する。たとえば、進んでいる船のマストのてっぺんから石を落としても、それは根元に落ちてくる。「あなたはそれを実験したのですか？」と架空の聞き手が尋ねると、「いや、そんなことをする必要はない。なぜなら、実際にそうなるし、それ以外にはなりえないと、実験をしなくても私は断言できるからだ」と答えた。

数学的合理性にかなった絶対的確信から生まれる見事な断言である。科学とは、ア・プリオリに数学的な事柄なのだ。ピサの若き教授はすでにこのことを確信しており、最初の『ガリレオ伝』を書いたヴィヴィアーニによって語られたこの有名な話が明らかにしているように、実験を軽視した彼は、正しかったのであろう。ヴィヴィアーニよれば、一五八九年から九〇年にかけてガリレオは、「実験と、証拠と、正確な論考を通じて、自然の運動にかんしてアリストテレスが下したたくさんの結論（当時まではそれらは議論の余地のない明々白々たる真実とされていた）がもつ誤りを証明し、あらゆる哲学者の憤激を買った。その最たる例は、同じ材質で重さの異なる複数の運動体の速度にかんする結論である。アリストテレスの説くところでは、それらが同じ環境のなかで動く場合、速度はそれぞれの重さに比例するとされるが、実際にはみな同じ速度で動く。ガリレオは大学中の哲学者や教授たちの面前で、ピサの鐘楼のてっぺんから何度も実験をくりかえして見せて、これを証明した」。

このうえなく芝居がかったエピソードである。ピサの斜塔のてっぺんに立ったガリレオは、大きな石の玉と小さな石の玉を落とす。アリストテレスによれば、大きいほうが先に落ちるはずだ。なぜならば、重さのある物体の自然運動は、重ければ重いほど速くなるからだ。居合わせたピサ大学のあらゆる教授と学生は、二つの石の玉が同時に地面に達するのを目撃した。ガリレオの勝利だ。ヴィヴィアーニの地味な一文にしかもとづかないこの逸話を、何世紀にもわたって歴史家たちは美化し、ドラマタイズしてきた。最近でさえ一部の著作は、これを歴史的事実として語り、ピサでは問題の二つの玉を展示さえしている。

だがこの実験は一度も行なわれなかった。それは、自分が奉じる英雄を讃えるためにヴィヴィアーニがほのめかした純然たるフィクションなのだ。確かにガリレオ本人は著作において、その理論を実証するために八回ほど塔に言及している。しかし、成功を公言するのにやぶさかでなかった彼が、上記の実験には一言も触れておらず、いかなる部分にもそれを暗示するものは見られない。のみならず、アレクサンドル・コイレが書いているように、「つまらない実験を見せるために、最下位の学部に属し、しかも若くて助教諭のなかでも最も末席にいる者が、学生たちをしたがえた教授連を実際に集めて立ち会わせることができるなどと考えたら、それはよほど単純で、大学の習慣や大学人について無知だと言わなければなるまい」。

いずれにせよ、ベネデッティやマッツォーニ〔ジャコポ、一五四八〜九八年。イタリアの哲学者〕といった反アリストテレス主義者によって一世紀以来支持されてきた理論を証明するのに、わざわざ芝居がかかった真似をする必要はなかった。それに先んじた結論が正しいというわけでもない。実験の結果は当然ガリレオが言ったこととは反対、つまり半世紀後、ボローニャのイエズス会士リコッチの実験のように、大きな石が先に落ちるということもありえた。ガリレオは正しい。ただ彼は「真空」において移動する物体で推理している。当時はできない実験である。結局ピサの石玉は、批判精神がなく、見かけに騙されて信じた歴史家たちの庭に落ちた厄介な石となった。一九二六年、ドイツ人ヴォールヴィル(1)はこのような話がありえないことを証明する。それでもこんにちこの問題は、なお最近の著作において大衆を惹き付けてやまないのである。

(1) エミール・ヴォールヴィル、一八三五〜一九一二年。科学者、エンジニア。なお彼の証明は死後一九二六年に発表された『ガリレオとコペルニクス理論をめぐる彼の戦い』においてなされた。J・マクラクランは「少なくとも一回はこの塔でガリレオが実験をしたことを示す証拠がある」としている。参考文献JM、二二頁〔訳註〕。

かくしてピサに滞在した三年のあいだ、ガリレオは時計の振り子の振動、固体の重心、流体静力学的平衡等を利用してもっぱら物体の運動を研究した。彼は他の学者たちと書簡を交わし、議論した。講義においてはユークリッド幾何学、プトレマイオスの理論について語ったに違いない。後者にかんしては、彼は順応していたかに見える。一方、同僚との関係はあまり芳しくなく、それどころかメディチ家出身の一人が行なった技術的介入を無謀にも公然と無視した。

幸いなことにグィドバルド・デル・モンテ侯爵〔一五四五〜一六〇七年。イタリアの数学者、哲学者、天文学者〕が彼を守りつづけてくれ、おかげで一五九二年、パドヴァ大学の数学の教授職に就くことができた。俸給一八〇フロリンでは、華々しい出世とは言えない。だが、契約期限は四年で、昇給の可能性もあった。ガリレオは安定した地位を望んでいた。前年に父親が他界し、いまや母親や弟妹を養っていかなければならない。いろいろと短所があるにせよ、彼は家族を財政的に支えることを誇りとしていた。

一五九二年から一六一〇年までの一八年間は、彼によって貴重な歳月となった。初講義を行なったのは一五九二年十二月七日。当時とかく挑発的で騒々しかった二十八歳の若者は、すでに四十六歳、いまやあらゆる分野で達者に活動し、知力に満ちあふれ、ヨーロッパの科学界において名を知られる人物になっている。彼の技法は的確、理論と信念には曇りがない。まさにそういうとき、彼は天体望遠鏡という一大発明品と最初の著作『星界の報告』をひっさげて科学史の大扉のまえに登場したのであった。

ピサと比べてパドヴァは、彼にとって好ましいところである。この大学はヴェネツィア共和国に属し、ローマという知的にも宗教的にも息苦しい庇護から免れていた。ここには異端審問もなかった。パドヴァは独立心に富んだ哲学的活動の中心であり、そこで人びとは非キリスト教化されたアリストテレス主義の極端な一形態アヴェロエス主義(1)を好んで育くみ、物質の永遠性の観念や霊魂不滅の否定の観念などに色目を使っていた。一六〇〇年頃になると、無神論、自由主義、異端などを奉じるとおぼしき怪しげな哲学者や学者が大勢、パドヴァで学び、教え、逗留するようになった。そうした人びとのなかにはテレシオ〔ベルナルド、一五〇八〜八八年。イタリアの自然哲学者。アリストテレス哲学を批判〕、パトリッツィ〔フランチェスコ、一五二九〜九七年。数学者、歴史家。プラトン主義者。テレシオに触発されてアリストテレス哲学のみならずその詩学を批判〕、ジェンティリ〔アルベルチコ、一五五二〜一六〇八年。法律家、プロテスタントとして異端の嫌疑を受け、イギリスに亡命〕、ヴァニーニ〔ルリチオ、一五八五～一六一九年。ナポリ出身の自然哲学者。パドヴァで法律を学び、各国を遍歴。トゥールーズで処刑〕らがいた。ヴァニーニは一六一九年、無神論で焚刑に処せられた。チェザーレ・クレモニーニ〔一五五二～一六三一年。アリストテレス派の学者としてアヴェロエス派とアレクサンドロス派との妥協をはかる〕はパドヴァの教授であったが、カンパネッラ〔トマソ、一五六八～一六三九年。カラブリア出身の哲学者。信仰上の疑義により二度にわたって投獄され、獄中で共産主義的理想国家『太陽の都』を書く〕とならんでガリレオの友人となった。カンパネッラは男盛りの時代を牢獄で過ごした。医学を修めたポンポナッツィ〔ピエトロ、一四六二～一五二四年〕は、霊魂死滅説とおぼしき教義を教え、強力な庇護者のおかげでようやく嫌疑を免れることができた。ニフォ〔アゴスチーノ、一四七三～一五三八年〕、フラカストーロ〔ジロラモ、一四七八～一五五三年。自然哲学者、天文学者〕といった医者たちもこの大学で、はなはだ疑わしい正統教義の講義を行なった。さらに一五九二年、ジョルダーノ・ブルーノがヴェネツィアに行ったころ、ガリレオはパドヴァに落ち着いた。

（1）アヴェロエスはアラブ人哲学者（一一二六年頃～九八年頃）。アリストテレスの注釈を行ない、哲学の自由を求め、異端として非難された。十四世紀から十七世紀にかけてボローニャやパドヴァで普及した彼の思想は、とくにイタリア・アヴェロエス主義と呼ばれる〔訳註〕。

ガリレオは、哲学的・宗教的瞑想に惹かれたことは一度もなかった。宗教に興味がないのである。他方、科学哲学には熱中した。彼が移ってきたころ、パドヴァの知的雰囲気はきわめて刺激的で、精神の解放、偏見の欠如、表現の相対的な自由、熱っぽく楽天主義的気風等々が横溢していた。彼はたちまち楽な気持ちになった。大学の審査官たちに好印象をあたえた。彼らはあっさりとガリレオに数学の講座をまかせた。教授、宗教家、貴族と、意見の違いをこえて彼は急速に親交を結んでいった。クレモニーニは熱心なアリストテレス主義者であったが、ガリレオとは経済的にも精神的にも支え合う仲となった。この友人が宗教的権威と軋轢を起こしたときには、ガリレオは一時心配したほどである。ヴェネツィアにしばしば足を運んだガリレオは、ジョヴァン・フランチェスコ・サグレドという紳士や、パオロ・サルピ、フルジェンツィオ・ミカンツィオといった宗教家たちとも知り合った。アンドレア・モロジーニ、ヴィンチェンツォ・ピネッリ、ベノイト・ゾルジ、ジャコモ・コンタリーニ、セバスチャン・ヴェニエルといった、地元の裕福な教養人のもとにも通った。

Ⅳ　パドヴァにおける教育と研究の仕事

一六四〇年、生涯を終えようとしていたガリレオは、パドヴァの歳月を人生最良の時代として回想することになる。なぜなら、彼はそこで、家庭（といってよいかどうかはともかく）を築く機会さえ見出すことができたからである。つまり、一五九九年から一六一〇年のあいだ、彼はマリーナ・ガンバというヴェネツィア女性と結ばれていた。彼女はパドヴァにやってはきたが、彼の屋根の下には暮らさなかった。そして三人の子供をもうけた。ヴィルジニアは一六〇〇年、リヴィアは一六〇一年、そしてヴィンチェンツォは一六〇六年に生まれた。奇妙な夫婦である。結婚もせず、二人はたがいに完全な自由を守りあい、一六一〇年、円満に別れる。マリーナは一時的に息子ヴィンチェンツォを引き取った。彼女がともに暮らす相手は、ガリレオとは良好な関係にあるジョヴァンニ・バルトルッツィだ。十六世紀のイタリアでは、自由な結びつきと同棲は珍しくはなかった。いずれにせよ、キリスト教的道徳観から見れば、こうした精神と行動の独立性は、注目されなければならない。ガリレオの近代性は、科学の分野にとどまらない。このエピソードは、彼の人間性において情緒や愛情にあたえられる地位が二次的であること、そして彼が恋愛よりも知的関係に、より敏感であったことを示している。換言すれば、宗教的関心の欠如も、ここで確かめられるのである。

ガリレオはたえず金に困っていた。年俸一八〇フロリンではとても足りない。確かに契約更新ごとにそれは増え、一五九八年には三二〇、一六〇六年には五二〇、一六〇九年には一〇〇〇フロリンと増加した。しかし、とにかく不足分の収入を、コンパス、磁石、三角定規などの測定器具をつくって売りながら、稼がなければならなかった。そのため彼は家のなかに仕事場を設け、そこで使用人メルカントニオ・マッツォレーニとその家族が暮らし、フルタイムで働いていた。さらにガリレオは、自宅で一五ないし二〇人の学生を住まわせて、個人講義を行なった。このことから、家はかなり大きかったと考えられる。

こうしたさまざまな活動と真っ正面から取り組んでいたガリレオは、活力に溢れた人物だったとも思われる。揺るぎない熱意と自信をもった彼は、自己の権利にかんして譲歩することがなかった。一六〇七年、ガリレオは新種の計算器具の発明にかかわる特許権について、バルダサーレ・カプラを訴えた。この器具は軍事的に利用すれば有益であったろう。(1) 彼はこの原理を一五九七年に確立していたが、学生には口頭でしか説明していなかった。一六〇六年、やはり追加所得と、より高収入のポストを求めて、彼はこの器具の機能をイタリア語の小冊子に記した。『軍事コンパス計算法』と題するこの小冊子は、のちにコジモ・デ・メディチ公に献呈され、彼は俸給の増額を得ることができることとなる。一六〇七年、カプラはこの器具の発明者と自称して著作を発表したが、ガリレオはこの件で訴えを起こし、勝利した。彼は『B・カプラ氏の非難と剽窃にたいする反論』と題するパンフレットで相手を容赦なく叩きのめした。

(1) この器具（いわゆるガリレオのコンパス）は「ちょうつがいで結合された二本の金属の定規からできており、……軍事技術に必要な幾何学と算術計算がやりやすいようになっていた」とされる。参考文献AS、三七頁〔訳註〕。

他にもいろいろなものをガリレオは発明した。たとえば、ただ一頭の馬で二〇か所の口から一気に水を汲み上げる灌漑用の機械があるが、一五九四年、ヴェネツィアはむこう二〇年間の特許権を彼に認めた。このうえなく静謐な共和国ヴェネツィアは、ガレー船のどの位置に櫂をとりつければ、最大の効率が得られるかというような、航海上の実際的問題で彼に意見を求めた。力学や工学にかんして彼の能力はすでに絶大な影響力を発揮しており、そうしたテーマで何点かの小論を学生たちのために編纂し、一五九三年から九四年にかけて出した『築城論』や『軍事建築物要論』で、軍事的問題にさえアプローチした。

熱の現象も彼の関心をひき、一種の温度計や自記温度計を考案した。これは現代の器具とは逆に機能し、管の上の空気が膨張すると液面を押し下げるようになっていた。つまり、最も低い液面は最も高い温度に対応するのである。もっとも、この器具はあまり精度が高くなかったが、ただガリレオが自然現象を数値的に測定することにいかに不断の注意を払っていたかを示している。

アルキメデスと同様、力学に数学を適用しつつ、彼は物体の落下の法則を研究した。『運動について』では、彼は落下速度は落下の初期、つまりその物体が固有の速度に達するまでしか加速されないと考えていた。一六〇四年、パオロ・サルピに宛てた手紙で、彼はこの理論を訂正している。

私は充分に自然で明白と思える命題に到達しました。この命題を考えれば、結局、残余の問題は証明できます。……原理はこうです。すなわち、自然の動体は出発点から離れるにしたがって速度を増していきます。

実際、これ以後ガリレオはこの原理を発展させ、速度は距離に比例して増えるばかりでなく、加速は物体の重さや材質にかかわりなく同じであることを証明した。

この法則にいたる手法は、またしても彼の実験の援用がいかに空想の産物であったかを示している。『新科学対話』のなかで彼は自分の理論をいかにして確かめようと考えたかを語っている。垂直の落体を完全に測定するのは不可能なので、彼は傾斜した溝のある板を使い、そこに磨いた真鍮の玉を転がした。そして、時間測定のために穴のあいたバケツを利用し、漏れた水量をはかった。何とも大変な誤謬の泉である！　彼は言う「われわれは、たっぷり一〇〇回は繰り返して実験し、それぞれ玉の通過した距離のあいだには、時間の二乗に比例した関係があることを発見し〔邦訳の多くは「距離は時間の二乗に比例する」と言いきっているが仏訳に従っておく。参考文献GS2、四二頁。なおイタリア人のジェイモナの訳は「等しい時間において通過した距離は、単位区間ごとに奇数の関係にある」と訳し、等差数列で増えていくことを示している。GG、五四頁〕、時間の誤差は拍動の一〇分の一よりも少なかった」！ 確かにアレクサンドル・コイレが書いているように、この「ガリレオの実験の結果は、まったく価値がない。むしろ結果の完璧さが、実験の不正確さを厳密に証明して」いる。だがそんなことは、ガリレオにはどうでもよい。彼は実験結果がどうなるかを、あらかじめ「知っていなければならない」のだ。彼においてはただ数学的理論的推理こそが、大雑把に組み立てられた想像上のものであれ、実際のものであれ、実験などではとうてい達せられない結果に導いてくれるのだ。彼はヴァーチャルなものにもとづいて推理し、真空内の運動を思い浮かべる。デカルトが明確に思い描いた慣性の原理を、ガリレオは文章でこそ規定はしなかったが、彼の結論は暗黙にそれを理解していた。

パドヴァで彼は磁性も研究した。当時フィレンツェをはじめとする各国の宮廷も、この問題に関心を抱いていた。しかしこの場合は、実践が理論を抑えた。磁石の吸引性そのものに、ガリレオが魅惑されたからだ。物理的に離れて接触のないもののあいだに作用する現象は、つねに魔力とかオカルティズムを刺激する。たとえば一六〇〇年、イギリス人ウィリアム・ギルバート〔一五四四～一六〇三年。イギリスの医師、物理学者。医師としての仕事のかたわら静電気、磁石の研究を行なった〕が発表した『磁力について』という概論をまえにして、彼が動揺しているのが感じられる。

パドヴァ大学で天体にかんしてアリストテレスの宇宙論を教えているとき、彼はこの問題についてはいささかの疑念ももっていなかった。講義内容をまとめて一五九七年に刊行された『天球論あるいは宇宙誌』では、彼は最も厳密な地球中心説に好意的な議論を重ね、地動説を仮定した場合に起こるすべての矛盾を数え上げ、少しの曖昧さもなく「そうした仮定に明らかな矛盾がある以上、われわれは地球が宇宙の中心にあると断じなければならない」と言いきった。だが、その同じ人間が同年八月四日、贈られた『神秘な宇宙』にたいするケプラーに宛てた感謝の手紙のなかで、「この数年来、私はコペルニクスの原理に改宗しております。そのおかげで、一般の仮説なら間違いなく解明できない無数の自然現象の原因を発見することができました」と記している。これに先立つ五月二十一日、ガリレオはピサ大学の哲学教授ジャコポ・マッツォーニへの手紙で、太陽中心説を擁護した。したがって一五九七年のガリレオが、表面的にはアリストテレス主義者でありながら、個人的にはコペルニクス主義者になっていたことは間違いない。

このように裏表を使い分けたからといって、なんらかの権威筋からの敵対的反応を恐れたわけではけっしてなく、この頃コペルニクス説は完全に許されていたのである。ガリレオが太陽中心説を胸に納めていたのは、みずからケプラーに書いたように、科学界にはそれを受け入れる準備ができておらず、発表して馬鹿にされるだけだと考えたからである。公然たる支持が得られるように、説得力ある議論を収集したいと彼は思った。その一方で、彼はすでにいくつかの「証拠を確認した」と言った。「だったらそれを発表しなさい」と、ケプラーが書く（十月十三日）。「証拠」というのは、やや勇み足だった。ガリレオはまだ反論の余地のある手がかりしかもっていない。長老たちの笑い者にはなりたくない、そう考えて彼は研究を続けた。
しかし、「教育者兼研究者」という日陰者的地位は、こんにちでもそうだが、フラストレーションのもとであり、自由な時間を食いつぶす。教職という退屈で報われることの少ない仕事から解放される唯一の方法は、メセナに頼る、つまり君主に仕えることである。当時のいくつかの共和国は、役人にたいして概して吝嗇であったが、使用者の威光に反映するような発明を行なった研究者であれば支える用意があった。一六〇四年になるやガリレオは、マントヴァ公ヴィンチェンツォ・ゴンザガ〔ヴィンチェンツォ一世、一五六二〜一六一二年〕に話をもちかけたが、同意にはいたらなかった。そこで、相手を生まれ故郷のトスカーナ大公に変える。一六〇九年、メディチ家のフェルディナンド一世が没し、病気がちの息子コジモ二世が十九歳の若さで大公を継いだ。芸術と科学を愛し、豊かな教養と優秀な頭脳を備えた君主である。ガリレオはチャンスを逃さなかった。彼は自信に溢れた雇用条件を明示して、つぎのように大公の秘書ベリサリオ・ヴィンタに書いた。

個人教授と下宿の学生たちの世は負担になるでしょう……だからこそ、このうえなく静謐なる殿下(1)のおぼしめしによって、私が教育に携わらずに、研究を完成できるよう、時間と便宜を賜りたく存じます。

（1）「このうえなく静謐な」という形容詞はヴェネツィア共和国にあたえられているが、若干の王侯君主の尊称としても用いられた〔訳註〕。

コジモ二世を説得するのに、ガリレオは強力なカードをもっていた。望遠鏡である。彼はそれを二つの筒口で利用することを知っていた。

第二章　才能の確立（一六〇九〜一六一二年）

望遠鏡はガリレオにとって天恵ともいうべき道具であった。これによってコペルニクス説の正しさを確認し、天文学的知識を増やし、出世の道で前進することができたのである。望遠鏡を見つけて自分にとって最も有利なようにそれを改造する手法は、そのまま順応性、状況を上手に使う機敏さ、厚かましさといった彼の人柄を表わしている。

I　望遠鏡論争

『星界の報告』の序文においてガリレオは、自分が望遠鏡を発明した元祖であると、いともあっさりと、しかも高らかに主張した。曰く、「慈悲深い天の啓示によって私は望遠鏡を発明し、いくつかの高度な発見を行なうことができた」〔参考文献GS3、一四頁〕。たしかにこの道具は、彼の主著によれば厳密な推理によって設計されており、それまでオランダ人が用いてきた道具を豊かな経験によって改良した成果であった。一六〇九年以前、光学機器にまったく関心のなかったガリレオがその存在を知ったのは、この年の春のことである。

少なくとも十三世紀以来、人びとは視覚の不足を補うためにレンズを利用してきた。ロジャー・ベーコンは、月や星をより近くから見るためにレンズが使われることに注目していた。このことは、レオナルド・ダ・ヴィンチもまた確認している。月にたいする関心が突如として広がったのは、十六世紀も終わろうとする頃であった。一五八九年、ジャン・バチスタ・デッラ・ポルタ〔一五三五〜一六一五年。ナポリ出身の物理、博物学、光学研究家〕は、その著書『自然魔術』において、望遠鏡について漠然とした理論を示した。一五年後の一六〇四年、オランダ人ベックマンは、望遠鏡の製造者をヤンセンとした。まもなくスペインとネーデルラント連邦共和国とのあいだのオランダ独立戦争のさなか、この器械にたいして軍事的関心が現われる。マウリッツ・ファン・ナッサウ〔オラニエ公、一五六七〜一六二五年。スペインによる再征服の企てを退け、休戦条約締結に成功する〕、スピノラ〔アンブロッジョ、一五六九〜一六三〇年。ジェノヴァ出身の侯爵、スペイン側についてナッサウと戦う〕、アンリ四世〔ブルボン朝初代フランス王、一五五三〜一六一〇年〕らは望遠鏡の見本を交換しあった。望遠鏡は急速に市場に見られるようになった。アンリ四世のオランダ大使は一六〇八年、これについて言及している。『メルキュール・フランソワ』誌によれば一六〇九年四月、望遠鏡はパリの商店で誰でも買うことができた。五月、スペイン軍ミラノ総監フエンテス伯は、ミラノで望遠鏡を受け取った。

まさにこのころ、ヴェネツィアでガリレオは、初めて望遠鏡のことを聞き知った。以前、彼の弟子だったバドヴェーレが、パリからのこのニュースを確認している。したがって望遠鏡は、新発明ではなかった。しかし、ガリレオはただちにこの器械が計り知れないほど大きな利益をもたらすことを見抜いた。時をうつさず、彼はパドヴァの仕事場でその製作に取りかかった。友人パオロ・サルピは望遠鏡の実際的効果を疑い、バドヴェーレにニュースを確かめるように手紙を書いたが、ガリレオは一六〇九年六月に倍率三倍の最初の望遠鏡を、ついで八月には屈折理論にかんする知識もまったくもたないまま、倍率九倍の望遠鏡を製作した。おそらくパドヴァやヴェネツィアに出回っている望遠鏡を手本につくったのであろう。

いずれにせよ、彼は時間を無駄にはしなかった。一六〇九年冬になるや、サン＝マルコの鐘楼の上でデモンストレーションを行ない、ヴェネツィアの元老院議員たちの度肝を抜いた。三五キロ離れたパドヴァのサンタ＝ジュスティーナ教会正面がくっきりと見えたり、水平線はるか彼方には、肉眼より二時間も早く二艘の船影が見えたからである。

ガリレオは望遠鏡を自分の発明品であるかのように、ただちに仕事に利用しはじめた。ヴェネツィアにたいして器械を提供する代わりに、パドヴァ大学での終身雇用契約と、一六一〇年以後（彼は昇給はもうこれ以上は不可能と考えていた）二倍の俸給つまり一〇〇〇フロリンが認められた。同時に彼はフィレンツェとの接触をつよめ、コジモ二世も望遠鏡に深い興味をもっていることを知った。一六〇九年九月十二日、大公の弟アントニオ・ディ・メディチが個人的にそう手紙で伝えてきたのだ。彼は器械をヴェネツィアに贈ってしまったことを後悔した。だがまだ、遅くはあるまい。十一月、二〇倍の望遠鏡をつくり、それを空に向けた。すると月の表面の凹凸、木星の衛星など、それまで思いもかけなかったものが見えた。フィレンツェのある人物に手紙を書くと、すべては迅速に進んだ。一六一〇年一月、彼は観測結果を記録しはじめた。三月十三日、早くも献辞のついた印刷された記録が、さらに十九日には望遠鏡が、コジモ二世に届けられた。

印刷された記録とは、ラテン語で書かれた『星界の報告』である。書簡形式の献辞でガリレオは、宇宙コスモスになぞらえてコジモとその三人の兄弟を讃えるべく、木星の衛星を「メディチ星」と呼ぶことにしたと、お世辞を述べている。うまい具合に、彼は衛星を四つしか見つけられなかったのだ。

地上で殿下の精神の不滅の美しさが輝きはじめるやいなや、天界では、まるで殿下のこのうえなき御高徳をとこしえに語り広める言葉のように輝く星が見出されました〔参考文献GS3、八〜九頁〕。

コジモはガリレオをよく知っていた。毎年、ガリレオは彼のもとにやってきては、数学を教えてくれたからである。お世辞に気をよくして、彼は金鎖とメダルを贈呈した。ガリレオはこの機をさらに利用した。彼はみずから公の前で発明品を披瀝し、宮廷における学者としての立場を改めて要求した。科学研究を進めるうえで、共和国よりも絶対君主のほうが有力だと思えたからである。そのことを彼は、一六〇九年二月、ある無名の人物に書き送っている。

私は、人生最良の二〇年の歳月を、教育のために失いました。それはすべて、私の研究のために必要な時間でした。そのような多大な便宜は絶対君主以外に期待することはできません。

一六一〇年五月、彼は大公の秘書に研究計画を提示した。すなわち、三冊の機械論的著作と三冊の局部的運動論と「主として哲学、天文学、幾何学といった、なおかつ充実した広範なテーマの『世界の組織あるいはその構造』というタイトルの二冊」。これらは「なんとも壮大にしてすばらしいテーマだが、それらは君主の力なくしては何かの役に立つことはありえず、それどころか実現不可能な著作」であった。

これは科学者のためのメセナの要請であり、文化活動における歴史的な転換点を示す要求である。献辞においてガリレオが強調するように、それまで君主に不朽の名声をあたえるのは芸術家や文人だった。だが、これからはそれが科学者だという。「私のスポンサーになってください。そうすれば、私が発見したものは、あなたの名声を広く行きわたらせるでしょう」。彼の手紙はそういうことを意味している。コジモは魅了された。一六一〇年七月十日、彼はガリレオをピサ大学の数学科教授に指名し、宮廷お抱えの学者にして哲学者とし、一〇〇〇フィレンツェ・エキュ、すなわちパドヴァのときとくらべて五〇パーセント増しの俸給を下賜した。「哲学者」という称号が、彼の「科学理論家」であろうとする彼の意志をはっきりと示していることに注意しておこう。こうした公式の称号によって、彼は大公と結ばれ、公は彼の庇護者となる。これは何か事が起こった場合、大変有利だということである。

さしあたり、まだ面倒は起こらない。望遠鏡と『星界の報告』と、地位就任のおかげで、ガリレオはヨーロッパ文化の穹隆に輝く新星となった。著作は、ヴェネツィアの聖庁からは、「カトリックの信仰にいささかも抵触する部分はない」としてあっさり許可が得られた。しかるに『星界の報告』は、一体どのような内容をもっていたのか？　そこには望遠鏡で得られたかずかずの観測結果が示されていたが、それらはアリストテレスの天文学に打撃をあたえるようなものであった。まずこの書は、月面に山や谷の凹凸があることを認めている。このことは以前から疑われていたことだ。だが、アリストテレスによれば月はあらゆる平面と同じく完全になめらかな球体であり、肉眼で見える斑点は面の密度の相違からくるものとされた。コペルニクスはヘラクレイトスとプルタルコスの考えをとりあげ、月面の土地が不均等であることを断言していた。今や疑問の余地はなくなった。観察が推理を裏づける。暗い点は凸部が投げる影なのだ。さらにガリレオはこの本に見事な図像を載せた。この図は彼の友人の画家チゴリ（ロドヴィコ・カルディ、通称イル・チゴリ、一五五九～一六一三年。一九三一年、ローマのサンタ・マリア・マッジョーレ教会の改修のさい、彼の『無原罪の宿り』が発見された。彼がガリレオと親しかったことは、ミケランジェロ・ブオナローティ宛の手紙によって証明されている」が、一六一二年製作の、月に両足をのせている聖母像のフレスコ画にとりいれられることとなった。

だが、アリストテレス派は徐々に闘いを開始した。というのも、この発見がもたらす攻撃は、重大な結果をはらんでいたからである。彼らにとって星の世界は不動にして完璧な世界である。そこでもし月が地球と同じように不完全なものをもっていたら、そして、もし太陽光線を吸収するのではなく反射しているとしたら、アリストテレス的宇宙は深刻な見直しを迫られることになる。ロドヴィコ・デッレ・

コロンボ〔一五六五～一六一六年。イタリアの哲学者、文人〕は起死回生の結論を下そうとして、「確かに月には凹凸がある。だがそれは全体が透明で目に見えない空間で包まれているから、表面は滑らかなのだ」と述べた。巧い話だが、あまり信用性はない。

問題はそれだけではなかった。新月の前後月の暗い部分を覆う灰色の光は、ちょうど月からの反射の場合と同じように、地球からの太陽光線の反射によるものでしかないとガリレオは書いた。つまり、地球も月も同じような運動をしているということになる。さらに望遠鏡では、天上の星雲〔参考文献GS3、四一頁v〕は天界の物質の濃度が濃いところでは決してなく、無数の星の集積であり、それはアリストテレス的な限られた宇宙の距離を無とするような途方もなく遠く離れた存在であることが確かめられた。ガリレオはまた木星に四つの衛星があることを発見した。これらの衛星が木星の周りを回転しているということも、地球をあらゆる運動の唯一の中心とするアリストテレス的立場を形無しにし、すべての星は円運動の中心であるというコペルニクス的観念を裏づけていた。つまり、月が地球の周りを回り、その地球が太陽の周りを回っているということに、なんら矛盾もないのだ。

Ⅱ　『星界の報告』

そうしたわけで、ガリレオはもうためらうことなく、コペルニクス派に加わった。科学史家のなかにはスティルマン・ドレイク〔一九一〇～九三年。カナダの科学史家、ガリレオ研究家〕のように、この頃まだガリレオはコペルニクス説を確信していたわけではないとする人がいる。確かに『星界の報告』には、太陽中心説をはっきりと断言する部分はない。しかし、彼が発見の結果にあたえている意味に曖昧さはない。彼はわざわざ人間の尊厳の擁護者を安心させようとさえする。つまり地球が回っているからといって、われわれ人間が創造界の王者でなくなるわけではないといおうとしているのだ。

地球がさまよっていること、地球が月よりはるかにすばらしいこと、地球は宇宙の汚物や澱のたまり場でないことをわれわれは証明するだろうし、無数の自然の理由によってそのことを確認するであろう〔参考文献GS3、三六頁〕。

しかし、宇宙というすばらしい機械は、われわれが理解できない目的のために神によって支配されている。したがって「みずからの知識と理解によって神を知り、理解しようとする人びとの犯す過ち」は避けなければならない。

さしあたり望遠鏡は天恵の道具であり、ガリレオがこれによって太陽中心説を立証することは可能になりつつあった。彼にはそれが天文学の無限の進歩へ通じる道に思われたであろう。なぜならば、彼はしかじかの自然の神秘を知るうえで、もはや観察の偶然性に期待することなく、何らかのことが確認できそうな方向へ望遠鏡の筒先を向けることによって、そうした観察結果を「もたらす」ことができるからだ。たとえば、一六一〇年十二月初頭、彼は金星にレンズを向け、コペルニクスが太陽中心説の帰結として予言しながら確認できないでいた金星の様相を証明することができた。今や自然が守勢に立っている。テサウロ〔エマニュエレ、一五九二〜一六七五年。劇作家、詩人。アリストテレス主義者〕のようにガリレオと同時代の人びとのなかには、これを不当な攻撃と考える者がいた。科学が自然を侵害し、その秘密を根こそぎ奪おうとしていると思えたからだ。神がその秘密を隠している以上、それを暴く権利が人間にあるだろうか？

望遠鏡は他にもいろいろな認識論的秩序の問題を浮かび上がらせた。なかでもその信頼性が大きく問題になった。中世以来、多くの人びとは、眼は神の被造物であり、唯一真実を見ることができる器官と考えていた。望遠鏡を通して見えるものなど、本当の現実だと、誰が保証するのか？　この器械をのぞくことを拒否する科学者も大勢いた。パドヴァでは、クレモニーニが「望遠鏡で何かを見たのは、彼だけだと思う。それに望遠鏡を通して得られた観察結果をみると、私は何がなんだかわからなくなってしまう。彼だけでたくさんだ。そうした結果についての話など、聞きたくもない」といった。クレモニーニがそういったと、パオロ・グァルドはガリレオに報告した。他にもいろいろ珍妙な原則的理由から、観測の現実性を否定する者がいた。

一六一〇年になってフランチェスコ・シッジ〔十七世紀初頭のイタリアの天文学者〕は、その著書『天文学考』において、いわゆる木星の衛星は、望遠鏡の屈折から生まれた幻想でしかないと述べた。要するに彼によれば、七という数が宇宙の完全性を表わし、当時知られている惑星以外に別の惑星が存在することなど先験的にありえない。それでは神聖な意図と一致しないというのだ。感覚的な証拠とならんでこうした数霊術、魔術、神学がガリレオの発見の現実性を排除しようとしていた。

ボローニャ大学の数学教授アントニオ・マジーニも同じように考えていた。ガリレオはあえて彼を説得するため、その自宅に赴いた。そして望遠鏡をつかって、小規模な観測会を催した。参加者の一人ボヘミア人マルティン・ホルキーによれば、会は混乱に陥ったという。四月二十五日、ホルキーはケプラーに宛てて、「ガリレオの器械を何度も何度も試用して、地上のものや天上のものを考察しました。地上のものについては、望遠鏡は奇跡的な効果を発揮します。天上のものにかんしては、それは過ちを犯します。なぜなら、恒星のいくつかは、二重に見えるからです。そこで一流の名士や最高の学者たちの証言を得ることができました。彼らは口をそろえて、ガリレオの器械は偽りの像を結ぶといっています。それでもガリレオは沈黙を守っていました。二十六日、彼は高名なマジーニ先生のもとを辞しました」と書き送った。六月、彼はガリレオを批判するパンフレットをつくった。

若干の人びとが疑念を抱いたのは、最初に使われたレンズがあまり上質でなかったことで、ある程度説明がつく。他方、最も率直な人びとはすぐに歴然たる効力に屈した。イエズス会士でローマ学院数学教師クラヴィウス神父は、当初、友人に「四つの新星なんてお笑いぐさだ」といっていたが、みずからの誤りを認めた、とチゴリが書き記している。しっかりした望遠鏡を入手したケプラーは、一六一一年、フランクフルトで出版された小著においてガリレオの正しさを認めた。この本には「ガリレオよ、君の勝ちだ！」と書かれたトマス・セジェットのパンフレットが添えられていた。いずれにせよ、一六一〇年九月から十月に入る頃には、数々の証言が集まった。ハリオット〔トーマス、一五六〇頃〜一六二一年。オックスフォード出身の天文学者、数学者〕、ペイレスク〔ニコラス＝クロード、一五八〇〜一六三七年。文人、天文学者。月の地図を製作〕、サンティーニらは、いずれも衛星を見たと断言した。すでにコンパスの発明をめぐってガリレオと競ったことのあるジモン・マイアー〔一五七〇〜一六二四年。ティコ・ブラーエとケプラーの弟子。天文学者、医者〕は、衛星を先に発見していたとさえ主張した。

『星界の報告』のなかで、ガリレオはこうした懐疑派を見下し、自分は望遠鏡の発明者であると声高に名乗り出た。彼は「たまたま凹レンズと凸レンズの二枚を通してみた」というあるオランダ人の経験主義に対抗し、自分は合理的な推理にもとづいていると主張した。「私は、得られた効果にかんするわずかな情報にもとづき、同じ結果を推理を通して発見した」と『偽金鑑識官』のなかで述べている。さらに技術的な詳細はさておき、「いずれ別の機会にこの道具の完璧な理論を公表するつもりである」とも書いた。この理論はまったく現われることなく終わった。大部分の科学史家は光学にかんするガリレオの識見は限られていたろうと考えている。望遠鏡にかんする正しい理論を生み出したのはケプラーである。

他方、ガリレオは他の学者を大幅にしのぐものをもっていた。それは文学的才能である。これによって彼は、限られた専門家の集まりなどよりはずっと大勢の大衆を動かすことができた。大衆に読まれるような科学知識の普及者となった最初の人、最初のメディア向きの学者である。彼にはコミュニケーションのセンスがあり、自分をPRする能力があった。逆に言えばそうしたすべては、両刃の剣である。なぜならば、コペルニクスのような慎ましやかな学者が唱えたら許されるような大胆な理論も、ガリレオのようなお騒がせ屋的科学者の手にかかれば、物騒な理論となってしまうからである。

Ⅲ　ローマ教会の勝利（一六一一年）

一六一一年、ガリレオは文字通り勝利者としてローマに上洛した。カトリシズムの本山への最初のこの旅は、お墨付きを得たいという願望に対応しており、これによって問題にたいして態度の曖昧な人びとはすべて沈黙させられるはずであった。ローマは宗教と文化の領域における最高の全権威を集めた都市である。そこで承認をもらえば、あらゆる論争に決着をつけることができる。一六一〇年末から、ガリレオはそう考えるようになった。翌十一年三月の終わり、彼はトスカーナ大公の推薦状を携えて旅立った。望遠鏡や、硫酸バリウムの入った箱も持参した。この石は焼くと発光する性質があるので、アリストテレス派が主張するように光は神秘的なものではなく、粒子的現象であることを示すことになるかもしれなかった〔本書一〇三頁参照〕。

申し分のない勝利だった。ガリレオはあいつぐ歓迎会や儀式、あるいはサロンや観衆のいるホールを回りあるき、枢機卿、イエズス会士、神学者、学者たちと会見した。教皇パウルス五世はみずから彼に謁見を許し、儀礼上は跪いたままでいなければならない会見中、彼には立ったままでいることを許した。四月から五月にかけての滞在中、ガリレオはローマの寵児となった。彼は引張りだこだった。雄弁家である彼は、望遠鏡をつかったデモンストレーションでも人びとを驚かせた。賞賛を送った人びとのなかには、のちの教皇となる枢機卿マッフェオ・バルベリーニ〔一五六八～一六四四年。教皇ウルバヌス八世（一六二三～一六四四年）〕もいた。

ガリレオが最も重視したのは、ローマ学院で受けたイエズス会士たちからの熱い歓迎であったろう。オド・マエルコット神父〔一五七二～一六一五年。ベルギーのルーヴェン出身のイエズス会士、数学者、天文学者〕はコミュニケを発表したが、そのタイトル『ローマ学院の星界の報告』からしてガリレオの業績に対するオマージュであった。クラヴィウスをはじめとするイエズス会の科学者たちは、月の凹凸から木星の衛星までの発見の正確さを認めた。一五八四年に設立されたローマ学院は、イエズス会士たちの誇りであり、ヨーロッパ中からやってきた学生二〇〇〇名が文芸、神学、科学の原理についての高度な講義を受ける大学施設は、会にとっていわば文化のショー・ウィンドーであった。科学の分野で光っていたのはクラヴィウス、グラッシ〔オラツィオ、一五八三～一六五四年。イエズス会士、数学者、天文学者、建築家〕、ズッキ〔ニッコロ、一五八六～一六七〇年。イエズス会士、天文、物理学者凹面反射望遠鏡の研究家〕、シャイナー〔クリストフ、一五七五～一六五〇年。ドイツの天文学者、数学者。黒点発見者の一人。晩年ローマ学院長を務めた〕、グルディン〔パウル、一五七七～一六四三年。スイス生まれの天文学者、数学者〕、学院教授サンティ、グリーンベルガー〔クリストフ、一五六一～一六三六年。オーストリアのイエズス会士、天文学者〕らで、彼らは数学やとくに天文学に秀でていた。しかしローマ学院は、当然、カトリック正統派の牙城であり、科学も含めてあらゆる学問はこれに従わなければならない。そこでは、哲学の入門書の冒頭にある「われらの哲学はキリスト教的であり、神聖なる神学の侍女である。形而上学的原理はすべて報告され、神学的真理を裏づけるように脚色されなければならない」という標語が示すように、神学が学問全体を支配していた。この原則の力によってローマ学院は、あえてそこから離れようとするイエズス会士すべてを規律に服従させた。なぜならば、服従精神こそが極限にまで発揚されていたからだ。聖イグナチウスの『霊操』の第十三則は「真理から一歩たりとも離れぬためには、われらは白く見えるものでも黒と信じる気構えを、つねにもたねばならぬ」と教えてはいなかったろうか？

イエズス会士にとって、信仰に仕えるべき知の統一は基本的な要請であり、それがある意味でアリストテレス主義を中心として起こるぎくしゃくした動きの原因となった。アリストテレスの体系は、トマス・アクィナスによって適正化が実現されて以来、キリスト教の形而上学的原理や聖書の伝統的解釈に合致した物理的解釈をもたらしえる、唯一完璧な体系とされたからである。そうした事情は一定の分裂を引き起こさずにはいなかったが、その分裂が服従の精神によって克服されたことは、ペイレスク〔ニコラ＝ファブリ・ド、一五八〇〜一六三七年。オリオン大星雲を発見し、月の地図を作成した〕からガッサンディ(1)に宛てた親書に見られるとおりである。

(1) ピエール、一五九二〜一六五五年。フランスの数学者、哲学者〔訳註〕。

思いあまったキルヒャー神父がわれわれに打ち明けたところでは、マラパルティウス神父ならびにクラヴィウス神父は、一般的なアリストテレス的仮説のために書けとすすめられ、強制されて、その忠告を断りませんでした。一方、シャイナー神父は服従と強制によってようやくそれに従いました。

形而上学なくして物理学なし。両要素は強調させなければならない。しかるにアリストテレスは、若干の調整を行なえばその両方を提供してくれる。彼の考える宇宙〔地球中心説〕は常識と完全に一致し、実体（物自体）と偶然（感覚しえる外的特性）との結合にもとづくその自然哲学とあいまって、聖体秘蹟の確認を可能とした。この秘蹟によって物質（パンとワイン）は超自然的に変化するが、偶然（その特性）は残る。要するに、アリストテレスは最も適切な神学的科学に説明をあたえる。だからこそ孤立した個々の現象や観察がこの秘蹟と矛盾するかに見えるや、その事実だけで怪しまれ、徹底的な再検査をまねくのである。こうした知的構造においては、すべてが互いに関係しあう。そしてローマ学院は全体に配慮が及ぶよう監視していた。

ガリレオの発見は、システムの本質的諸要素に触れなかったろうか？　一見イエズス会の学者たちはそうは考えていないようだった。とにかく望遠鏡のレンズを通して見たものの真実性は、ほとんど否定できない。だが、一人のイエズス会士が不安を抱いた。枢機卿ロベルト・ベラルミーノ（一五四二～一六二一年）〔ロベルト・フランチェスコ・ロモロ・ベラルミーノ。神学者、護教論者〕である。元ローマ学院の教授で、教皇つき神学者にして教理聖省の相談役であるこの論客は、原理原則を守る非公式の番人であった。教養もあり、宗教上の作品を著わし、科学的知識も充分もちあわせる人物である。一部の科学的知識は、目を光らせていないと異端的偏向に人びとを導く。それがどのような偏向かを見極めるのに、彼はもってこいの人物であった。一六〇〇年、彼はジョルダーノ・ブルーノを尋問し、焚刑送りにした。しかるにブルーノは、一六一一年春、ローマを闊歩している天文学のニュー・フェイスと同じく、徹底したコペルニクス主義者であった。

要警戒だ。ガリレオが教会のお偉方から祝福されているあいだ、ベラルミーノは調査を開始した。一六一一年四月十九日、彼はローマ学院の数学者たちに「ガリレオの発見についてどう思うか？」という質問状を送った。

同じ書状に書くよう求められた答えが、早速返ってきた。四月二十四日、クラヴィウス、グリーンベルガー、レンボ、マエルコットといった神父たちは、形而上学的コメントは一切抜きで、ガリレオの観察の正しさを一つ一つ確認した。

ベラルミーノは、すっかり安心、というわけにはいかなかった。科学の面でガリレオが非難されないように思われても、宗教面では咎められるべきものがあるのではないか？　クレモニーニはガリレオの友人だが、彼のほうは肉体と魂にかんする問題で検邪聖省〔一五四二年、パウルス三世によって設置された異端糾問機関。一九六五年、教理聖省と改名された〕で裁かれようとしている。五月十六日、ベラルミーノはこの省にたいして、ガリレオが異端派の教義に親しんでいないか調べてもらいたいと要求した。こうすれば、かならず何らかの役に立つはずだ。

検邪聖省が相手となると、人びとは態度を変える。一五四二年に設立されたこの「最高にして普遍的な」聖省は、教皇によって主宰され、枢機会会長によって運営され、原理原則にかんする問題を判定する任務を負っていた。メンバーは委員一名、補佐役二名、弁護士、公証人各一名、若干の相談役、さらに疑わしい記録を調べ、資料を準備する顧問神学者数名（いずれもドミニコ会士）からなっていた。彼らの関心は、もっぱら原理の純粋性の問題にあった。イエズス会士とくらべて、顧問神学者の科学にたいする関心はずっと限定されていた。彼らの導き手は聖トマス（・アクィナス）であって、いかなる場合でも天文学的観察が彼らの視点を変えることはありえなかった。イエズス会士が、個人的にコペルニクス説に傾いたり、ガリレオと数学理論を共有することはあった。ドミニコ会士はコペルニクス派でもなければアリストテレス派でもなく、つねにトマス派だった。科学的であろうとなかろうと、ある主張が健全な原理に反するように見えるならば、彼らは有罪とした。ガリレオの最も恐るべき敵は、ニコロ・ロリーニ、トマソ・カッチーニといったドミニコ会士である。なぜならば、彼らは同じ次元に立とうとしないからだ。彼らにたいして科学的議論をしかけてもむだである。たとえばカッチーニは、一六一四年の説教において、数学は人びとを異端に導く悪魔の技術として告発した。星の運行を詮索したところで、一体何の役に立つのか、すべては自尊心をかき立てるむなしい行為ではないか？「ガリラヤの人びとよ、あなた方は何を空に見ているのですか？」聖ルカの言葉をもじって引用しながら、カッチーニは、学者ガリレオを貶めようとした〔聖ルカ、七-二五。「あなた方は何を見に荒れ野に出てきたのか？」〕。ここでは、あなた方「ガリラヤ人」とガリレオとが同じ文字で表わされるので、皮肉られている〕。これでは、議論はとうていできない。

検邪聖省の裁判は、極秘裏に行なわれるだけに恐るべきものであった。裁判官はいつでも、どこでも、そして誰にたいしても容喙することができ、審問の参加者は全員が議論にかんして全面的に秘密を守るように義務づけられていた。

ベラルミーノは、イエズス会士には科学的な面で、ドミニコ会士には原理的面で働きかけたが、結局ガリレオは無罪とされたので、彼は背後で調査が行なわれるあいだ少しも妨げられることなくローマでの勝利を追求しつづけた。一六一一年四月十四日、彼はマルヴァジア猊下宅でフェデリコ・チェージ殿下〔モンティチェッリ侯爵、一五八五～一六三〇年。科学者、博物学者。〕主宰の宴席に招かれるという光栄に浴した。富裕な実力者である殿下は、科学に情熱を燃やし、一六〇三年、リンチェイ(1)・アカデミーを設立した。これはアリストテレス的保守主義にたいして、科学の最高権威者ばかりを集めて研究活動を刺激し、計算、数学、実験を基礎とした新科学を推進するという壮大な文化的企画にむけた会である。その目的の一つには、当代の科学的知識を網羅した百科事典をつくることがあった。リンチェイ対ローマ学院の対立は、ある意味で新対旧、あるいは新科学対アリストテレス主義という激しく拮抗しあう構図である。四月二十四日、ガリレオは六人目のアカデミー会員に迎えられ、その重鎮と持ち上げられた。彼は「リンチェイ会員ガリレオ・ガリレイ」と自署し、堂々と会員になることを承知した。

（1）山猫の意。オオヤマネコの鋭い視力を科学者の目標として掲げたものである。この学会は十七世紀に一時廃止されたが、その後再興されて名称を引き継ぎ、現在も五四〇名のメンバーからなる国立リンチェイ・アカデミーとして存続している〔訳註〕。

教皇に祝福され、枢機卿らからはもてはやされ、イエズス会士の尊敬を集め、彼らのライヴァルたるリンチェイの科学者たちから頭目と祭り上げられ、ガリレオは、周囲から満場一致の支持を得た感があった。したがって、彼は自信満々でフィレンツェにもどり、いまや教育の任務から全面的に解放された状態で仕事を再開した。一六一一年九月以降、彼はきわめて野心的な構想を抱いたかと考えられる。すなわち、浮遊物体や太陽の黒点や彗星のような問題にたいする科学的で正確な研究とならんで、世界の新たな体系、つまり新たな物理学、新たな天文学を示し、それによってキリスト教的原理や聖書の解釈ともよく整合しえる、しかもアリストテレスの体系にとってかわるような、いわばガリレオ的宇宙観をつくりたい、そう彼は望んだように思われる。

いずれにせよ、彼は論争という運命から逃れることはできなかった。それは、あらゆる機会に彼を捕らえて離さなかった。すでに一六一〇年、フィレンツェ人で、反コペルニクス派ルドヴィコ・デッレ・コロンベ〔一五六五～一六一六年。アリストテレス派の哲学者、文人〕は、議論を聖書注解の分野に広げようと試み、「聖書の解釈に頼りつつ、その文意から離れようとする、あの見下げはてた連中」に対抗しようとしていた。コロンベに言わせれば「聖書はその字義通りに理解されえるのであり、それ以外の解釈はあってはならない」。一方、聖書は「地球が宇宙の中心かつ不動であり……太陽は地球の周囲を回り、……月の表面は隆起もなければ不均等でもなく、滑らかで丸い」としている。こうなってくると、ガリレオはみずから聖書注解者とならざるをえないであろう。

いずれにしても、彼に選択の余地はほとんど残されていなかった。新しい科学が正しいとしても（そう彼は信じている）、教会と民衆にとってはアリストテレス的宇宙が真理であり、学者たちにとってはコペルニクス的宇宙が真理だなどという二重の真理体系など、どう考えても受け入れることはできない。それまで暗黙裏に認められていた折衷的解釈は、コペルニクス説を研究上の仮説としてしかみないことで成立していた。しかし、今やその解決法は、彼の体系的真理があいつぐ発見によって確証されていくにつれて、ますます支持しがたくなっていった。世界は今や、こうした並行的な二つの宇宙観を守ることが不合理となる時代にさしかかりつつある。にもかかわらず、ローマ教会はあまりにもアリストテレスに入れ込んでしまい、しかも聖書の文字に縛られすぎてしまったので、もうその束縛を断ち切ることができない。この問題にかんして議論は硬直し、いかなる解決もはじき返していた。

Ⅳ　浮遊物体と太陽の黒点——方法論上の争点

この頃になると、新たな科学的問題が提起されるたびに、疑惑が飛び交うようになった。時系列的に見ると、たとえば浮遊物体の問題がある。これは最初、ガリレオとアリストテレス派でたたかわれた激論の対象となった問題である。一六一一年夏、フィレンツェに近いフィリッポ・サルヴィアティの別荘で、若い貴族たちと休暇中の大学教授らとの会合が開かれ、席上、暑さと寒さという質的問題に議論が及び、そこからさらに氷が水に浮かぶ原因が論じられた。ガリレオの考えでは、それは比重の問題に帰せられ、氷は水より比重が小さいから浮くとされる。アリストテレス派にとっては、これは形の問題であり、実際ルドヴィコ・デッレ・コロンベは、同じ重さでありながら一方は板状の、他方は筒状の象牙の断片を水に浸けて、前者は浮かび、後者は沈むことを示して見せた。議論は広がり、大公コジモ二世も加わった。九月から十月になるとマッフェオ・バルベリーニやフェルディナンド・ゴンザガなどの枢機卿たちが論争に立ち会った。ところが、ガリレオが病気になり、問題を記述で決着させようということになった。かくして一六一二年五月、『浮遊物体論』〔『水上にあるもの、また水中を動くものについての論証』。参考文献AS、七八頁〕が著わされる。ガリレオは、ここではアルキメデスに忠実に従っているが、あまり落ち着いてはいられなかった。というのもノートが示すように、彼はアルキメデスの原理を誤解し、水に浸かる物体によって押しのけられた水量は、浮いている物体の体積に等しいと考えていたからである〔実際には水中に浸っている部分の体積に等しい〕。彼はこの誤りを、数学によって解決していった。もう一つ弱点があった。それは、金属板が浮かぶのを説明するのに、表面張力を考慮することを拒否し、板と水とのあいだにある空気の緩衝作用の存在を提起したことである。

要するに彼の解説は、不完全であった。一六一二年夏には「無名のアカデミー会員」と署名された反論が現われた。書き手がピサ大学のアルトゥーロ・パンノキェスキ・デコンティ・デルチであることは、のちにアントニオ・ファヴァーロ〔一八四七〜一九二二年。パドヴァ出身の科学史家。ガリレオ著作集の編纂者〕が証明している。ほかにジョルジョ・コレジオ、ルドヴィコ・デッレ・コロンベ、ヴィンチェンツォ・

ディ・グラツィアといった署名のある反論が出たが、多くの場合、それらは嘲笑的で辛辣であった。ガリレオは動じなかった。一六一五年、彼は弟子のカステッリ〔ベネデット、一五七七〜一六四三年。ベネディクト会修道士。ピサ大学数学教師。水力学で有名なエヴァンジェリスタ・トリチェリという弟子を輩出した〕に署名させた『回答』で反撃した。そのなかで彼は、アリストテレス派の不正確な表現にたいして厳密に科学的な言葉で対抗した。事態は毒気を帯びた様相を呈し、ガリレオは芳しからぬ視線を浴びるようになった。彼は嘲りにうまく対処できず、自著にカステッリの署名をさせたことで、相手を馬鹿にしている印象を与えた。

浮遊物体の論争によって、ガリレオとその敵対者とのあいだにある方法論や認識論の相違がはっきりしてきた。彼は『浮遊物体論』において書いている。

私は敵対者たちの一人から、猛烈な攻撃を受けるだろうと予想している。それどころか、もう耳元で彼が絶叫するのが聞こえるような気がする。彼は言うだろう、「問題を物理学的に扱うのと、数学的に扱うのとは、まったく異なることだ。数学者は、自分たちの気まぐれな世界に留まっているべきで、哲学的な問題に口を出すべきではない。哲学における結論は数学の結論とは違うのだから」と。彼らはまるで真理は一つではないし、現代では、幾何学は真の哲学的習得にとって障害だといわんばかりだ。そして、幾何学を知る者は物理学を知らないし、物理学的問題を物理学的に解くことはできないなどということを、当然の結論として下すのだ。

ここでは、物質界の現実的構造の問題が提起されている。アリストテレス主義者によれば、世界は安定した物体と質料の総体から成り立っており、一般的な原因にもとづいたそれらの法則は、感覚的な経験を通じて定義することができる。天才アリストテレスはこのことについてただ一度しか陳述していない。したがって、学者の仕事は質料にかんするこれらの一般的諸法則を具体的な経験に適用することにあるとされる。こうした考え方においては、目覚ましい進歩を実現したり、本格的に行動を起こして自然を変革することなど望むべくもない。科学とは事実を確認し、アリストテレスという権威を参考にしつつそれらを分類することだけだ。重視されるのは非技術的な科学であり、しかもこの科学は数学の使用を排し、その数学もまた純粋に質的な構造をもつ現実にたいして影響力をもたない、つまり、純粋に理論的な活動としか見なされない。数学と物理学とはたがいに完全に無関係で、物理学だけが関心の対象となり、数学はたんなる知的遊戯でしかない。そのことをたとえばアリストテレス派のヴィンチェンツォ・ディ・グラツィアは、つぎのように肯定している。

誰であれ、数学的議論をもって自然の属性を証明できると考える人は正気ではない。なぜならば、その場合には著しく相違する二つの科学がかかわってくるからだ。自然科学は自然の物体を研究するが、この物体は自然で固有の運動を伴っているのに、数学はあらゆる運動を抽象化してしまうのである。

十七世紀初頭においては、このような態度が支配的であったが、たいしてガリレオをはじめとする少数の学者は、数学こそが現実界を研究する唯一の道具だと考えた。これらの人びとがプラトン主義者の範疇に組み入れられたのは、ここでは古代に範を採る考えが自然だったからである。プラトンとアリストテレスの比較を行なった著書が一五九七年に著わされたが、著者でガリレオの同僚でもあるジャコポ・マッツォーニはこうした二つの態度を明快に分けて語った。

よく知られているようにプラトンは、数学が物理学の研究にとくに適していると考えていた。それゆえにこそ彼自身も物理的な神秘を説明するのに、何度となく数学を利用した。しかし、アリストテレスはこれとはまったく別の考えをもっていて、プラトンは数学に執着しすぎたから誤りを犯したといっている。

したがって、ガリレオは典型的なプラトン主義者ということになる。われわれから見れば、これ自体はたいした問題ではない。われわれにとって重要なのは、彼が科学的真理にどれだけ貢献したかということである。だが、十七世紀の人びとにとっては、宗教的特権枠に登録されるということが大切なのだ。実際、真のプラトン主義者はむしろケプラーであって、ガリレオはアルキメデスから発するエンジニアの系列に置かれる。彼においては物理学、数学的方法論、さらに実用性は分離不可能であった。なぜならば、彼はプラトンとちがって宇宙の構造は本質的に数学的なものにちがいないと考えていたからだ。

プラトンの考えでは、真の数学的世界は観念の世界であり、われわれの物質界は多少ともゆがんだその反映でしかなかった。したがって、プラトンが賞賛する数学的な厳密さが技術的応用の活路に達することはほとんどなかった。つまり、ガリレオをプラトン主義者というのはかなり問題のある呼称である。

ガリレオは『浮遊物体論』で実験の方法論的問題にも触れ、アリストテレス派の受動的な実験にたいして積極的な実験の概念を対置させた。実験は理論に従わなければならないし、ある現象の原因を評価するためには、さまざまなファクターを退け、同時にただ一つの要素だけを変化させなければならない。そして、「同じ結果をもたらしそうな他の原因のすべてを抑え、物体間の形の違いだけを残さなければならない」と書いている。実験を何度も繰り返す必要はない。数学的理論によって予期される結果を示すことが可能になるからだ。実験はたんなる確認であり、ほとんど手続きとさえいって差し支えなかろう。「グラツィアは実験をやるべきだ。私はそれを実行し、ただちに彼が誤っていることを知った」と、ガリレオは自信たっぷりに断言する。アリストテレス派の信念にもとづけば、港内にいるより大海に浮かんでいるときのほうが、船は沈みやすいという。この点にかんして彼が実験を行なったときのことである。彼は言う、「ある容器を小さな貯水池に浮かべ、それを沈めるのに必要な鉛の粒を数えてみよ。ついでその一〇〇倍も大きな貯水池で同じことを行なってみよ」と。といっても、すでに見たような自信過剰ゆえに、あるいは当時の測定手段の不正確さゆえに、ガリレオが誤りを犯さなかったというわけではない。しかし彼の方法は、現代科学のそれと同じである。

まったく同じ頃、すなわち一六一一年秋から一二年末にかけて、ガリレオはもう一つの論争に巻き込まれた。太陽の黒点にかんする、これもなかなか示唆に富んだ論争であった。この場合は、争点のほうが重要である。一六一一年十一月から十二月にかけて、ドイツのイエズス会士で、インゴルシュタット大学の数学とヘブライ語の教授クリストフ・シャイナーは、友人の銀行家マルク・ヴェルザー〔一五五八〜一六一四年。イタリアに長く滞在〕宛に三通の手紙を書いた。ヴェルザーはアウグスブルク・イエズス会出入りの銀行家で、会士たちと親交があり、とくに天文学に秀で、リンチェイ・アカデミーのメンバーでもあった。シャイナーは手紙のなかで太陽の黒点を観察したと述べ、これにアリストテレス的な解説を付した。ヴェルザーはイエズス会士との関係を損なわないように、手紙をアペレスという偽名で印刷させ、そのうち何冊かをガリレオと他のリンチェイ会員たちに送った。

ガリレオは、ただちにそこにイエズス会のスタイルを認めた。彼の最初の反応は、怒りである。太陽の黒点なら、彼はすでに一六一〇年に発見していて、これも「自分の」発見だったと考えている。だが、これについて彼は、それまで何も公表していなかった。それをどう解釈するかという問題が残っているからだ。そこで、彼はやはり三通のヴェルザー宛の書簡形式で「アペレス」に回答することとした。といっても、ヴェルザーを窮地に追い込まないよう、自制心を働かせようとしながら彼は書く。

この問題が、あのイエズス会士によってどれほど愚かしく扱われたかを、あなたに示そうと思います。といってヴェルザー様を傷つけないでそれを実行するのは、なまやさしいことではありません。

三通の手紙は一六一二年の五月四日、八月十四日、十月十日の日付である。そこでまず彼は、考える間もなく天から降ってきたようなこの問題の不意打ちには大変困惑したと打ち明けた。

私の場合、虚偽なるものを拒否するよりも、真実を発見することのほうがはるかに難しいのです。つまり、太陽の黒点とは、どのようなものではないかということのほうが、本当はどのようなものであるかということ以上に、私にはよくわかっているといえます。

とはいえ、問題には「答え」なければならない。アリストテレス派にむざむざ地歩を譲るわけにはいかない。事態の推移は、彼らの方式を象徴していた。彼らはまず、アリストテレスの一般原則から出発して、新たな観測事実に適当な解説を見出しつつ、それを彼の宇宙体系に帰着させようとしていた。ここでの争点は天空の不変性の問題である。天空は、変質しやすく腐敗しやすい月より下の世界とは対称をなしていなければならない。しかるに、動いたり形を変えたりする太陽の黒点は、太陽という星の完全不変とは相容れない。シャイナーは、太陽をこの「黒点という汚点から解放しなければならない」と書いた。そして、そのための唯一の解釈によれば、黒点は太陽の周りを回る衛星の群で、それは木星の衛星に似ているが、それよりずっと数が多い」とされた。たしかにこれらの黒点は、すべての衛星と同じくいろいろな様相を見せていた。だが、この解釈を採ることによってシャイナーは、ティコ・ブラーエ[1]の亜流とならざるをえなくなる。なぜならば、惑星を回るすべての衛星と、太陽を回る金星は「透明で透入できない」〔参考文献AS、一九頁〕天球に惑星が固定されているという説を無効にしてしまうからだ。そこで「天空の永続性にかんする天文学者の通説は、とくに太陽と木星の空についてはもはや支持されえない」と、シャイナーは書いた。

（1）ティコ・ブラーエは、一五七七年に出現した彗星の観測結果から、その現象が月よりも遠方で起きていることを証明し、月より遠方ではいかなる変化も起きないと考える天動説を覆す重要な証拠をもたらした〔訳註〕。

ヴェルザー宛の返書で、ガリレオはまず、健康上の理由を挙げて返事が遅れたことを詫びる。だが、それだけが遅滞の理由ではないだろう。事実、彼は困っていた。イエズス会士の立場を崩すような本格的な議論を彼が持ち出したのは、ようやく最後の手紙においてであった。黒点は太陽に密着していて、いっしょに回転している。そのためそれらは太陽の端のほうに進めば、中央にいたときより薄く見えたり、中央に向かうときのほうが周辺に向かうときより早く進むし、細かく分裂していくのだ。この三つの様相の説明は、数学によって可能になる。ガリレオは単純な幾何学的証明によって、黒点が太陽に密着しており、しかもその太陽が自転していることを明らかにした。これは「必然的な証明であって、いかなる反論も認められない」と彼は記した。あの小さな量塊が厳密には太陽の大気中にあるとしても、では、なぜそれは蒸発に抵抗できるのか？　どうしてそれらは太陽の運行にぴたりと沿っているのか？

ガリレオは例によって想像上の実験によって議論を強化しようとした。ここでも驚くのは、そうした実験は物理的に不可能なのに彼の言葉が歴史家によって、長年にわたって文字通りに受け取られてきたことだ。ウィリアム・シーアは『ガリレオの知的革命』においてそのことを見事に指摘している。とりあげたテーマは壁に当たった太陽光線の反射光が小さな穴から入って、暗い部屋を月の反射光よりも明るく照らすという実験である。

ガリレオがこの実験を一度も行なったことがないのは明らかだ。もし彼が行なったとしたら、暗い部屋に壁からの反射光だけを入れるのは困難だと知るだろう（おそらくそう書いただろう）。実験を確かめたいと思う読者は、一体どうしたら真昼の日光が射す壁を切り離し、その反射光を小さな穴を通って暗い部屋に入れることができるかと問うだろう。

ガリレオはヴェルザー宛の三通の手紙のなかで、ほかにもいくつかの過ちを犯している。彼は太陽の軸は黄道面にたいして直交しており、太陽自体は固体として回っていると主張する。彼は黒点が陥没の底であるという意見を斥け、太陽面の輝きが中心から端に向かうにつれて減少するということを否定する。これはシャイナーが正しく断定しており、したがってガリレオの意見が完全無欠というわけではない。

それでも彼の立場は、原理面と科学知識の正確さの面からみてずっと近代的であった。アリストテレス派の主張では、科学知識は現実の本質に達するとされるが、これにたいしてガリレオは、科学の可能性の範囲を、さまざまな現象、あるいは運動、形態、変質といった偶然的なものの知識に限定し、現実それ自体、すなわち事物の本質に侵入することはできないとした。逆に言えば、それゆえにこそ、われわれは遠く離れた天文学的現象を、身近な地上の偶然的事実と同じように知ることができる。科学知識にたいするこのような批判的な概念を彼は第三の手紙で示しているが。それは重要な認識論的広がりをもっているのである。

他方、キリスト教徒の学者として彼は、偶然的事柄にかんして彼が達した科学的真理はローマ教会によって受け容れられなければならないと考えていた。ほかに解決方法はない。数学的真理は神によって望まれた真理であり、すべてにたいして君臨する。このことから、指導原理たる神学を迂回しながら、形而上学を弄んで一種の真理に到達したと主張する一介の科学者と、これに苛立った教会人たちとの摩擦が始まる。かくして一六一三年、チェージ殿下は黒点にかんするガリレオの手紙三通を印刷させ、暴露的な部分の訂正を求める教会側検査官たちと衝突した。たとえば、ガリレオはコペルニクスの体系を普及させるという目的を達成するうえで、「好意ある神の思し召し」に助けられたと書いたが、この部分は「好ましい風潮に助けられて」という表現にかえられた。ガリレオは天界の不変性は聖書の教えに反すると語ったが、これも削除しなければならなかった。自説を裏付けるためになされた聖書への言及は、すべて検閲に引っかかった。たとえどんなに卓越した人間であろうと、俗人であるかぎり聖書の解釈に口を出すことは許されない。他方、ガリレオは是が非でも科学と信仰とを一致させ、教会を通じて自説を勝利させたいと欲した。したがって早晩、衝突は避けがたかった。

第三章　疑惑（一六一三～一六二五年）

一六一三年以後、ガリレオを中心とした論争は、急速に科学から神学の問題へとずれこんでいく。この動きは必然であった。なぜなら、一方で教会の保守層はコペルニクス説の人気が高まるのを恐れはじめていた。それまでこの説は、たんなる漠然とした風説か研究上の仮説（しかもそのほんの一例）として許容されてきた。それは万人が満足するような人為的ぼやかしに包まれてはいたが、とても支配的な理論とは認めがたいとされ、いわんや真理の表現からはほど遠い説と考えられていたのである。他方、ガリレオは対決を避けたり科学の世界に閉じこもるどころか、むしろ人びととの接触を求めはじめた。アリストテレスをコペルニクスで置き換えるには、ローマ教会の同意が必要だが、教会を説得できる充分な論拠が自分にはあると、彼は信じきっている。彼は太陽中心説とそれにかんする聖書とのあいだに一切対立は存在しないことを証明するために、聖書の注釈の領域にためらうことなく踏み込もうとしていた。

この自律性は、教会の守り手たちにとって許すべからざる攻撃として受け止められた。一介の俗人が無礼にも神学者たちに聖書注釈を教えようとするのは、ほとんど冒瀆というに等しい。聖書は聖職者だけのものであり、彼らの所有物も同然なのだ。キリスト教の誕生以来、彼らはその断片をラテン語で彫琢し、ミサや信徒のために注釈やコメントをつけてきた。他方、文言に直接触れることは事実上タブーである。俗語に翻訳されることはめったになく、された場合はほとんど有罪とされた。それほどに教会は、俗人たちがプロテスタントをまねて、聖書から「インチキ」の解釈を引き出すことを恐れていた。聖職者の友人たちはガリレオに「危ない」と懸命に忠告した。だがガリレオは、出所がどこであれ、真理であるならば、宗教界の権威にもそれを受け容れるだけの精神的度量があるとあくまで信じつづけた。それが彼の致命的な誤謬であった。

I　ガリレオと聖典の解釈

一六一一年、早々から噂が流れる。すでに前年の十二月十六日、画家チゴリはガリレオに警告していた。あなたの徳と業績をねたむ意地の悪い連中がフィレンツェの司教〔アレッサンドロ・マルツィメディチ、一五六三〜一六〇三年。フィエーゾレの司教から一六〇五年フィレンツェの司教になる〕の家に集まり、まるで狂水病にかかった人びとのように地動説やその他の問題で、あなたを攻撃する材料を懸命に探そうとしています。

ほぼ一年後、今度はドミニコ会の扇動家ロリーニだ[1]。だが、彼はまもなく弁明書を送った。それから論争はトスカーナ大公の周囲にも広がった。一六一三年十二月、宮廷晩餐会の席上、話題がガリレオの発見に及んだ。居合わせたベネディクト会士ベネデット・カステッリは師匠のガリレオに、「ボスカリヤ教授が地動説は信じがたいし、ありえないといい、そもそものような断定は明らかに聖書の記述に反する」と、公言したことを伝えている。カステッリは太陽中心説を擁護し、コジモ二世とその妻も彼を支持した。しかし、母后クリスチーヌ・ド・ロレーヌ[2]はコペルニクスに敵意を見せた。事は内輪の集まりの枠をこえ、世間一般へと広がった。

(1) ニコロ、一五四四年〜?。ドミニコ会士。一六一二年十一月、ロリーニはコペルニクス説が聖書に違反していると宣言した。彼はガリレオがカステッリに宛てた手紙の写しを枢機卿パオロ・カミッラに送った。参考文献AS、八一頁〔訳註〕。

(2) 一五六五〜一六三七年。ロレーヌ公シャルル三世の娘。フランス王アンリ二世の妃カトリーヌ・ド・メディシスの孫。フェルディナンド一世・ディ・メディチと結婚〔訳註〕。

逆にガリレオは悪い気はしなかった。優れた論客で自分の足場に自信がある彼は、教養ある人びとの意見に訴えれば勝ちめは充分にあると信じ、この頃から論争の渦中に身を挺して飛び込むようになった。まさにこのとき、彼は家庭内の最も重要な問題から解放されつつあった。すなわち一六一三年十二月、十三歳と十二歳になる二人の私生児の娘をアルチェトリ〔フィレンツェの南の郊外〕のサンタ・マリア修道院に無理矢理入れたのだ〔ガリレオは最初、二人を母に預けようとしたが断られた。参考文献GG、九三頁〕。

のちに二人のうち姉は、十六歳のときに諦念をもって、妹は無神経な父の意志で閉ざされた生涯を送ることに怒りを抱きつつ、それぞれ修道女となる誓いを立てることとなる。このようなケースは、当時珍しくはなかったが、それはガリレオの記憶に小さからぬ影を落とした。ルドヴィコ・ジェイモナート〔一九〇八〜九一年。哲学者、歴史家。大戦中アメリカに亡命。著書に『ガリレオ・ガリレイ』がある〕はこの点にかんして、研究にひたすら打ち込む学者の「深刻なエゴイズム」といい、「彼はなによりもまず娘たちの生活を、新たな負担のないような方法で（つまり彼女らにかんするすべての不安から解放されるような方法で）確立させたいと望んだ」と語っている〔参考文献GG、九四頁〕。可哀想に、妹のアルカンジェラはノイローゼに陥っていった。

本題に戻ろう。一六一三年十二月二十一日、ガリレオは長文の手紙をカステッリに送り、その数点の写しの頒布を保証した。テーマは聖書の意味と科学におけるその用い方にかんするもので、とくにヨシュアがアモリ人を時間をかけて滅ぼせるように、太陽に向かって「日よとどまれギブオンの上に」といい、月に向かって「月よとどまれアヤロンの谷に。」〔「ヨシュア記」一〇-一二〕と叫ぶ有名なくだりをとりあげていた。地球中心説派は、太陽が地球を回っている根拠としてとくにこの文章を挙げてきた。聖書の文意にこのように執着することは、「重大な過ち、あるいは瀆神の危険に身をさらすこととなるし、ひいては、怒り、悔恨、憎悪のような人間的で身体的な情念ばかりでなく、足や手や眼などを神の属性とすることとなる」と、ガリレオは書いた。聖書の書き手たちは、無教養な大衆が理解しやすい表現を使ったが、もしそうしたイメージを文字通りに受けとったら、それは証明されている自然の真理と矛盾する結果に終わるだろう。しかるに、われわれが信じなければならないのは後者、つまり自然の真理である。自然を研究するために神はわれわれに理性をあたえてくれた。そのうえ、どうして神が真理の断片を示しただろう？　そうしようと思えば、神ははっきりとそうしただろう。いずれにしても、理性はそれ自体で科学的真理を発見できるのだ。「人間の思考を、誰が終わらせることができるのか？」。聖書について言うならば、その権威は道徳的分野にかんすることにある。それはあらゆる人智を越えて、「聖霊の口からしか伝えられないことも信じさせることができないような人間の救いにかんする命題や項目で、人類を説得することだけで成り立っている」

許しがたい！　破廉恥だ！　カステッリに宛てたガリレオの書簡は猛烈な反発を呼んだ。あの物理学者が聖書の解釈法を神学者に教える？　このような無知な人びとの批判と無礼にたいしてカステッリは憤慨した。チェージ殿下はこうした「狂った卑劣漢」を非難した。実際、一六一四年の降待節〔クリスマス前の四週間〕四週目の日曜日、ドミニコ会士カッチーニは、ガリレオを直接非難して太陽中心説の人びとを罵倒し、怒ったガリレオは謝罪を求め、同修道会会長ルイジ・マラフィから以下のような陳謝をうけた。

起こりました事件は、その発端となった人物が当修道会に属する者であるだけに私に深い嫌悪感を残しました。三ないし四万人の説教師たちが起こす愚行の責任は、ひとえに私が負わなければなりません。

それとは別にロリーニ神父は、検邪聖省にガリレオの書簡を公然と告発して、「ガリレオ主義者は聖書を聖職者たち共通の解釈にさからって、自分たちが自己流に紹介すると称している」と書いた。そして「彼らはその資料〔ガリレオの書簡〕のなかで最初の父たちや聖トマスについて失礼なことをいい、……スコラ哲学が引用するアリストテレス哲学を踏みつけにした」とか、「彼らは聖書のなかのいくつかの表現は現実にそぐわないとか、聖書は信仰の条項だけを考えればよく、自然界の事柄においては哲学的天文学的議論こそが聖性や神性にうちかつなどと断言している」と告げた。

そこで、異端審問機構が動きはじめる。ある相談役がロリーニによって提供された資料の精査を引き受けたが、異端審問官自身は「巧みに」手紙の現物（これが唯一の証拠物件となりえる）を入手したにちがいない。とはいえ、裁判はかなり柔軟に行なわれたようだ。審問所が本気になれば、手紙のなかにはガリレオに深傷を負わせるだけのものは存在した。しかるに採り挙げられたのは、枝葉末節の問題ばかりであった。ロリーニの積極的告発は不発に終わったかに思えた。三月二十日、人びとが関係書類を閉じようとしたとき、カッチーニが事件を蒸し返しにやってきた。彼はすすんで証言し、ガリレオ派は神が偶然的な存在（アリストテレス的な意味で）であって本質ではないとか、神は人間が感覚しえる性質を備えているなどと主張していることを暴いた。もちろんこれだけで焚刑に価する罪である。だが、なおそうした流言の正しさが確認されなければならない。聴取された若干の証人たちには、説得力がなかった。黒点にかんする手紙も検査されたが、何の結果にもいたらない。まもなくカッチーニは、ガリレオに謝罪することとなった。

みずからの名声と高位の友人たちからの庇護があったおかげで、ガリレオは公的検閲を免れることができた。そしてそのため、彼はいっそう大胆になった。だが、勇み足には気をつけなければいけない。「慎重にやりなさい」とチェージ殿下が、忠告をあたえる。

コペルニクス説に関して、ベラルミーノは自分が異端か否かを判断する、と私に言ってきた。……やはり心配です。コペルニクスの問題が禁書目録聖省で議論されるようになったら、彼らはそれを禁止するでしょう。

一方、やはりガリレオの大ファンであるマッフェオ・バルベリーニも、「聖書の解釈には口を出さないようにしなさい。そんなことをしたら、ローマが容赦しないでしょうから」と、注意した。ガリレオの友人で少壮気鋭の司教チャンポリ猊下は、友情に溢れた忠告をあたえている。

解釈の問題に触れるような問題はお捨てなさい。そういう問題は、人間の知性を管轄する人びとすなわち神学の権威にお任せなさい。なぜならば、そうした領域では修道士には敗者の側にまわる習慣がないのです。……あなたはいま、パンドラの箱を開こうとしています。もし、人びとが聖書の歴史的意味を問題にしはじめたら、私たちはそれに巻き込まれるでしょう。彼らは私たちに「月には人間がいるのか?」とか「どうしてその人間たちはアダムの子孫となりえたのか」とか「どのように彼らはノアの箱船から下りることができたのか」など、途方もない質問をつぎつぎとしてくるでしょう。

一六一五年三月二十一日、チャンポリは再度書き送っている。

あなたのことでデル・モンテやベラルミーノ枢機卿たちと話し合いました。その結果、あなたがコペルニクス説とその証明を論じるとき、聖書に口を差し挟まないかぎり、あなたはいかなる反対にも遭うことはないということになりました。聖書解釈は当局によって神学の教授たちにのみ認められております。もしこれが守られない場合は、聖書にかんする意見表明は、たとえそれがいかに独創的であろうとも、教父たちの共通の意見にいささかなりとも外れていれば、許しがたいものとなるのです。

Ⅱ　宗教改革の文化的背景と聖書

結局、ガリレオは警告をうけたのだ。だがそれは無駄骨だった。彼はあくまで聖職者のなかにも知的人間がいて、自分を理解してくれるだろうと信じていた。とくに彼が希望をつないだのは、イエズス会である。一六一五年二月十六日、彼はディーニ猊下〔バンディーニ枢機卿の甥。ガリレオの助言者〕にカステッリ宛の自分の書簡をイエズス会に送ってほしいといい、「最も急がれるのは、〔ドミニコ会〕修道士たちよりも高い教養をもつ人びとに語りかけることです」と書き送った。三月七日、ディーニは返事を書いた。

あまり当てにしてはいけません。ご用件については、グリーンバーガー神父〔クリストフ、一五六一～一六三六年。イエズス会士の天文学者。月のクレーターに名を残した〕と話しました。得られた結論は、「記述においては、聖典の解釈に入る前にまずあなたのすべての証明を提示するのが望ましい」ということだけです。のみならず、ベラルミーノはコペルニクスの話にかこつけて「何らかの注記を入れざるをえないだろう」といいました。彼の狙いは、「数学者たちが信じてもいない周転円をもちだしたのと同じように、何らかの体裁を守るべきだ」という意味です。

たいする三月二十三日のガリレオの返事はつぎのとおりだ。

私に言わせれば、コペルニクスが地球は動いていると考えていないと思わせても、彼の著述を読んでいない人びと以外には賛成者を見いだせないということです。離心円[1]や周転円を紹介した主要な著者たちがそれらを真実だと思っていなかったなどといわれても、私には決して信じることができません。

（1）天動説では、月や惑星の運動の不規則性を説明するため、それらの円軌道の中心は地球の中心から少し離れたところにあると考えた。この円を離心円といい、ヒッパルコスが惑星の運動の説明に用い、プトレマイオスの宇宙体系にも採用された。コペルニクスの著書でも離心円が運動の説明に使われた。実際には惑星の軌道が真円ではなく楕円であるため、単純な円では運動の説明がつかなかったためだが、コペルニクスは惑星の運動がいくつかの円運動の合成で説明できると信じていたためで、楕円軌道に気付くことはなかった。この点ではガリレオも同じである〔訳註〕。

これが問題の核心だ。太陽中心説は、それまで曖昧な地位において容認されてきたが、それが正しいとは誰一人として公言しようとはしなかった。周囲で風評が生まれると教会は妥協し、星の見かけの運動の計算や解説に便利な仮説だとして認めさえするようになった。つまり「体裁」を守ったのである。ガリレオはそれ以上のことを望んだ。教会はコペルニクスが正しいと、はっきり認めなくてはならない。太陽中心説は真理であり、教会が一歩を踏み出すのを助けるために、彼はそれが聖書と矛盾しないことを示してやろうとした。それでどこに問題があるというのか？

問題はそれが文化にかかわるということだ。ガリレオにはそのことがわかっていなかった。彼にとっては、これは知的・科学的レベルの問題であり、したがって明快に解決できる問題だ。しかし宗教界の権威にとっては問題ははるかに複雑だった。太陽中心説それ自体は承認可能な説だった。教会側の多くの学者は、すでに宗旨替えをしていた。それによって信仰が変わるわけではないし、聖書は思うように解釈できるからだ。ローマ教会は、その長い歴史にわたって時代の必要にこたえつつ、絶えず聖書を通して、いいたい通りのことをいってきた。たとえば、現在の最も正統派的解釈でさえ、ピウス十世時代においては瀆神と判断されに結論となるし、十六世紀の場合ならば論者は焚刑送りになったはずである。一見硬直しているかに思われるカトリックの教義の柔軟性あるいは適応性には、驚くべきものがある。

聖書にかつていわせていたこととは反対のことをいわせたとすれば、それは神学者がそう決めたからである。ガリレオは、あくまで物理・数学的な証明の力で神学者たちを屈服させようとしたが、その執着が彼らを最初は苛立たせ、ついで激しく反発させることとなった。

別にいえばこの種の改革は時間を要する。反発しあうにしても、穏やかにそれを行ない、相互不信を避けなければならない。時が自然にことを成就させるようにしなければならない。実際、鳴り物入りの宣伝もなく穏やかに地球中心説から太陽中心説にうつるには、二世代も三世代もの時間がかかった。たしかに論じられているのは、科学の問題であって宗教的信念の問題ではない。だが、終わりゆくスコラ的神学は己の運命をアリストテレス主義のそれに強く結びつけたので、絆を解くのはきわめて難しくなった。知識人たちにはそれができたとしても、事態を知りえない一般信徒たちは、過去との突然の断絶にとまどうばかりであったろう。彼らに「今日から明日にかけて地球が回ることになるでしょう」というのは、「アダムとイヴは最初からいなかった」とか、「洪水や箱船は神話だ」と告げるのと同じくらい大事件になるだろう。かつて十九世紀に排撃した自由を声高に擁護しているこんにちのローマ教会ならば、そうしてもよかろう。それでも教会には、適応する時間をあたえることが必要なのである。

十七世紀初めの雰囲気では、適応は不可能だった。それどころか世界の不動性、失地回復、反動の雰囲気が支配的だった。トリエント公会議（一五四五～六三年）によって仕上げられたイデオロギー的基盤にたつ宗教改革は、その効果を最大限に発揮していた。プロテスタントの脅威によってぐらついた精神を再建しなければならない。初期ルネサンスによって半ば解放された雰囲気ののち、つまり一五五五年、パウルス四世〔ジャン・ピエトロ・カラファ、一四七六〜一五五九年。教皇（一五五五〜五九年）在位中、過度な門閥主義を実行した〕時代についで非妥協的な教条主義の高まる時代が到来して、ピウス五世、グレゴリウス十三世、シクストゥス五世といった強面の教皇があいついで支配し、ローマ聖庁は再編され、イタリア化された（一五九八年当時、枢機卿の八〇パーセントがイタリア人）。彼らは検邪聖省や図書閲覧聖省といった有力な手段を駆使し、とくに後者は一五六四年以降、禁書リストを公表するようになった。あらゆる図書は事前に検閲機関の承認を得なければ、印刷することができなくなった。重苦しい宗教行政が市民社会全体をしめつける。教義は簡明になって体系化され、教理問題の形式に縮小され、さらにイエズス会を先鋭隊とし、神学校単位で構成される聖職者たちによって信徒たちのあいだに膾炙された。彼らは素朴な人びとの信念を重んじ、疑惑の原因たる見直しを排した。カトリックの知的エネルギーが総動員され、自由主義者、懐疑主義者に対抗する時代に入った。聖書の伝統的解釈に異を唱えたり、二義的な科学的知識を擁護したり、常識に衝撃をあたえたりするのに好ましい時ではない。それは、人びとがまさに安定した確信を欲しているときに、精神上の疑問を投げることだ。ローマ教会は啓示による真理を握っている。残されている問題は、地球中心説が聖書によって啓示された真理の構成分子になっているか否かでしかない。が、この問題にかんしては、いずれ将来、議論する時がこよう。さしあたりこの問題に目をつぶって、地球は固定されたままにしておこう。とくに俗界からの発意が加わるというなら、それを待つのが緊要なのだ。

逆にガリレオにとっては、問題を提起し、太陽中心説で決着させることが緊要だった。彼の生涯の過ちは、ローマ教会の本当の動機は教義的な理由ではなく、戦術的なものだということを理解しなかったことだ。それはタイミングの過ちであり、判断と評価の過ちなのだ。彼が相手にしている神学者や教会のお偉方は、天文学を少なからず馬鹿にしていた。彼らにとって数学だのテクストの論理的解釈だのはどうでもよかった。彼らは自分たちの領分が脅威を受けていると考えていた。

ガリレオには教会の論理を人びとが議論しないことが理解できなかった。彼はいっそう激しく論争を過熱させた。書簡による議論の反響が、公の場に伝わりはじめた。一六一五年三月十二日、友人カステッリは「ピサの司教が、とくに地動説のような途方もない意見を捨てるよう求めてきました。私は自分の利益においてこの忠告に従います。もし従わなければ、身の破滅となるからです」とガリレオに書き送った。しかしガリレオは、おそらく何人かの俗人の励ましを受けてますますエスカレートしていく。一六一五年暮れ、自分の立場が万人に確実に知られるようにするために、彼は静かな沼の水面に大きな一石を投じた。すなわち、コジモ二世の母クリスチーヌ・ド・ロレーヌ宛に四〇頁に渡る長文の手紙を書き、一般に公開したのである。

文字通りこれはマニフェストであり、挑発と感じられた。と同時に、それは世論にたいする訴えかけであり、議論が厳密に学会内に限定されていた当時の暗黙の規則にたいする違反行為であった。真理は一つにして普遍的であり、それは当然ラテン語ではなく一般の言語で普及されなければならない。すでに一六一二年、パオロ・グァルドにガリレオは「私はすべての人びとが読めるように、俗語でそれ[1]を書いた」といっている。そのことは、彼が大衆の良識に大きな信頼をよせていたことを示している。文章のスタイルは飾り気がなく率直で、科学と聖書の関係という問題の核心を突いている。聖書は道徳上の真理だけとかかわり、ときとして異端という言葉が語られるのはこの領域においてでしかない。といってそれを解釈するには、きわめて慎重でなければならない。というのも、著者たちは彼らの時代の文化にもとづいた象徴を伝える言語を用いているからだ。自然の書、つまり物理学の世界にかんしていうならば、神はわれわれにそれを解釈するための理性をあたえてくれた。それは神学者たちの埒外のことである。彼はつぎのように言う。

聖書のなかで幾何学や天文学や医学が、アルキメデスやプトレマイオスやボエティウスやガレノスの書物より正しく語られているなどと、神学者の誰一人として言わないでしょう。〔……〕したがって神学が、もしその至高性のゆえに神にかんする瞑想に耽ったままその最高の地位にとどまり、最高の権威によって定められた玉座にすわりつづけ、それより下位にある科学の卑しく低い思弁にまで下りる必要がないとしても、あるいは科学が至福に無関係であるかぎり、神学は科学についてまったく思い煩うことがないとしても、神学者たちは自分たちが実行したこともなければ、一度として学んだこともない原理にかんして判決を下す権利を不当に取得するべきではないでしょう。〔……〕神学者はそのような問題を扱うことを控えるべきか、あるいはその権能がないと認めるべきでしょう。

(1) 邦訳『星界の報告』中『太陽の黒点とその諸現象のかんする誌および証明』(ヴェルザー宛第二書簡)。これは一六一二年にイタリア語で書かれ、一六一三年にローマで出版された。参考文献GS3、三九頁〔訳註〕。

神学者に（しかも十七世紀の神学者に！）無能であることを告白せよと言っている！　ガリレオとてそんなことがさせられると思うほど世間知らずではなかったろう。ネチネチした、しかも慇懃な調子は、相手の急所を突くこと狙っている。ガリレオは言葉を逆用させていた。彼らは聖書の解釈を禁じた。よろしい、ならば神学者は科学を捨てろ。誰にも己の領分というものがあるのだ。

聖霊は、われわれがどのようにしたら天に行けるかを教えますが、天がどのようになっているかは教えてくれません。地球や太陽が動いているのか、動かないのかといったことは、信仰の問題ではなく、人間の風習に何ら影響をあたえません。

つまり科学が事実を証明すれば、それが聖書の文字と矛盾するように見えても、学者が立場を変えることはない。もしその事実が厳密に正しいと証明されれば、神学者は聖書の解釈を変えることによって信仰上の一致を改めて確立すればよい。もし真実らしく見えたとしても、それが科学的真実として厳密に証明されないならば、神学者はそれが虚偽であることを証明しなければならない。

なぜならばこの義務は、それが虚偽だと主張する人間に帰着するからです。

この手紙は、まさしく思想の自由の宣言である。ここでは、自然的真理の場における理性の自律性がずばりと表明されている。文化的背景と結ばれた曖昧で移ろいやすい俗語と、もっぱら自然的真理を表現するのにふさわしい、厳密で科学的な言語とのあいだにある対立もまた強調されている。理性と科学のこうした自律性の要求は、逆に教会にとっては潜在的な危険である。いったん解放されれば、理性は道徳、ひいては信仰そのものの規制を求めはしないだろうか？

このガリレオの手紙とほぼ同じ頃、同じ問題にたいするカトリック側の見解が、枢機卿ベラルミーノによって明快に下される。その機会は、カルメル会修道士パオロ・アントニオ・フォスカリーニ〔一五八〇年～?。カラブリア出身のカルメル会修道士、ナポリの神学教授〕がナポリで一通の書簡を公表した一六一五年に、ベラルミーノの意見を求めたことから生まれた。フォスカリーニの書簡のタイトルは、『ピタゴラスならびにコペルニクスの意見にかんする書簡、すなわち聖書の文言とこれらの文言と対立的な神学的提言とを一致させ、妥協させせんとする書簡』である。フォスカリーニは、ガリレオに近い立場を採り、聖書は科学的な用語ではなく民衆の言葉を用い、太陽中心の解釈を必ずしも全面的に排除しているわけではない。ベラルミーノの回答は興味深く、ローマ教会のなかでも最も穏健なイエズス会の立場を表明している。すなわち、コペルニクスはよろしい、だがそれは純粋な仮説としてだ、というわけである。

私見を言えば、君やガリレオ氏はもっと慎重に行動するべきで、論題を断定的にではなく、たんなる仮定として提示するべきでしょう。

司教的な気遣いがここにははっきりと見られる。太陽中心説を真理と断定すれば、人びとに衝撃を与え、スキャンダルを起こす。

このような宣言は、あらゆるスコラ的哲学者や神学者を苛立たせるばかりでなく、聖書の誤謬を疑わせ、健全なわれわれの信仰を破壊する危険があるでしょう。

いずれにせよ、公会議は教父と対立するような聖書の解釈を禁じているし、教父はみな地球中心説であり、それが当局の見解でもある。さらにソロモンは「太陽は昇り、そして沈み、出発点に返っていく」とはっきり語っている。ソロモンの叡知はあまねく知られた伝説ではないのか？　要するに、もしある日、人ががむしゃらに太陽中心説を完全に証明したとしても、なお「矛盾していると思われる聖なる記述の解説には、きわめて用心深くあらねばならない」のだ。

教会が太陽中心説にたいして沈黙せざるをえない理由には、一般常識、アリストテレスとプトレマイオスの威光、聖書の記述などのほかに、純粋に宗教的な要因があった。すなわち天国と地獄とは互いにできるかぎり遠く離れていなければならないということだ。地獄は地下にあり、天国は七番目の天球の向こうにある。したがって地球はあらゆる天体の中心でなければならないとされた。キリストの昇天も、地球が固定された中心であることによって考えやすくなる。地球は人間のためにつくられたのであるから、当然中心でなければならない。つまり、もし月より下の世界とそれ以外の世界に相違がないとすれば、究極的には月より上に人間がいることを想像することも自由になるが、それでは神学上あらゆる問題が続出するだろう。すでに一世紀前、アメリカ・インディアンを救済の歴史に入れることについての問題があった。火星人を人類に入れなければならないとしたら、それがどれほど大きな難問になるか想像にかたくない。同様にコペルニクス説も、絶対的欠陥とはいわないまでも、人間の心性に何らかの大きな影響をあたえるほどの障害だった。

Ⅲ　一六一六年の不幸——コペルニクス説の断罪

ガリレオは、決着をつけたくてじりじりしていた。とにかくローマの最高責任者にたいして、口頭できちんと説明すれば、問題は解決すると信じきっていた。一六一一年のローマ滞在経験から、彼は自分の説得力と魅力を信じた。ディーニ猊下への手紙で彼は、科学的真理の真価は早晩何らかのかたちで認められるのであるから、これを断罪するような愚行を教会が犯す事態を、自分は防ぎたいのだと明言した。そしてそのためには「ペンではなく、舌を使わなければならないし、ローマに行って持論を説明しなければならない」と彼は言った。一六一五年、旅立ちが決まったが、またしても病気のために出発が遅れ、結局その年の十二月十二日、ようやく彼は永遠の都に到着した。

コジモ二世は無条件に彼を支持し、ローマ駐在フィレンツェ大使ピエロ・グイチャルディーニ

〔一五六〇～一六二六。トスカーナのローマ駐在大使として一六一一年と一六一五年、二度にわたってガリレオのホスト役を務める〕に、大使館内の快適な部屋に彼を迎え、秘書、従僕、雌ラバを使わせるよう命じた。この支援に意を強くしたガリレオは、まだ体だが弱っているというのに、あちこちのサロンを回り、世論を探り、人びとを説得し、黒点にかんする自著を検討している聖庁での動向を知ろうとした。まもなく、彼は雰囲気の変化に気づいた。みな笑顔で愛想が良く、おもてだった反対はしない。しかし尋ねられた者は、かかわりを避けるように去っていくのだ。手応えがまったくないまま、それでも彼は努力を惜しまず見事な証明を繰り返し、手当たり次第に尋ねまわった。だが、このがんばりすぎがかえって裏目に出た。フィレンツェの大使は彼の不器用な行動を嘆いた。外交官として動くべきところで、彼は壊し屋になっている。「当節、ここは月について議論したり、新しい教義について語るべき国ではない」のだ。いまや争点は彼の個人的な状況を大幅に越えていることを、ガリレオは理解しなかった。

一六一六年二月二十四日、検邪聖省によってあたえられた宣告は、そのことをはっきり示した。犠牲となったのはコペルニクスと太陽中心説である。判決文は正確で曖昧さは微塵もない。形式は厳格で反論の余地もなかった。ちっぽけで不運なトラブルとは、訳が違うのだ。これは信仰問題にかんする最高の決定機関で何か月も議論を重ねて生まれた宣言である。教会が口を出さず、手で蠅を追うようにしてかたづける（のちにカトリック護教派はそうするようになったが）ような問題ではない。この文章は厳密に思い起こさなければならない。この過ちは途方もなく大きく、消しがたい汚点だからだ。

検閲すべき命題

検閲はローマの検邪聖省において、一六一六年二月二十四日、下記の神学者たちの面前で行なわれた。

命題① 太陽は世界の中心であり、自然運動にたいして完全に不動である。

検閲結果――この命題が哲学的に常軌を逸し、かつ不合理であり、字義から見ても、教父ならびに神学博士の共通の解釈から見ても、多くの点で聖書の記述に違反することが明白である以上、紛れもなく異端であるという点で、全員一致の判断が下された。

命題② 地球は世界の中心でもなければ不動でもなく、全体的な運動〔公転〕で動き、毎日の運動で動く〔自転〕。

検閲結果――この問題もまた哲学的に上記と同じ検閲に属する。神学的局面にかんしては、少なくとも信仰上の過ちの多い命題と見なされるべきということで、全員一致の判断が下された。

この結果、三月五日、コペルニクス、スニーガ〔ディエゴ・デ、?〜一六八〇年。アンダルシア出身の歴史家〕、フォスカリーニの作品ならびに「同じ太陽中心説の教義」を教えているあらゆる著作は発禁とされ、禁書目録に登録されることとなった。

これは大変な災厄である。ガリレオは根本的には正しいのに、求めたものとは逆の結果に到達してしまった。彼の見当はずれの行動がなければ教会は例の手慣れた手法で問題を曖昧にし、多少とも学問的な基礎に役立つ仮説として許容していただろう。それを公然と主張したがために、彼はかなりの期間カトリックの世界から科学を締め出すという大きな過ちを犯してしまったのだ。「あまり利口なやり方ではない」と、プロテスタントのケプラーは本質を突く。「その軽率な行動によって、ある人びとはコペルニクスを読むことを禁じられるという結果にたどりついた。これまで八〇年間自由だった彼の著作の読書が、禁じられてしまったのだ」。

そしてフィレンツェ大使グイチャルディーニがガリレオの不器用さに憤慨する。

われわれは彼に、おとなしくして、事を荒立てることのないようにと勧めました。……こちらではみんな、彼がやってきたことをよく思っていないし、彼自身にとって危険なことだと感じています。……彼は自説を述べると興奮し、極端に熱意を注ぎます。それを抑えようとするだけの自制心と知恵をほとんど働かせません。……それゆえローマの風向きは彼にたいし大変険悪です。とくにこちらでは、君主が文学やそれに打ち込む精神を軽んじ、新機軸に耳を傾けようとしない時代です。

この「君主」とはパウルス五世で、確かに彼は世俗的な科学には一切関心をもたなかった。この頃から、個人としてはコペルニクス主義者の多いイエズス会が、ローマ教会に服従し、太陽中心説を締め出すようになった。

もっとも、彼らは気をつかって、ガリレオ個人には目をつぶっていた。『星界の報告』以来まぎれもなくコペルニクス的傾向を強めた彼の著作がとくに目をつけられたわけでもない。大公にたいする配慮から、誰もお抱えの数学者のことに触れようとしない。しかし、当局は彼に教訓をあたえようとした。二月二十六日、教皇の命令にもとづいて、枢機卿ベラルミーノは彼を召還し、証人たちの前で検邪聖省の決定を伝え、以後コペルニクス説を支持することを禁止した。

とはいえこの会見については、これまでの歴史家たちが解明できていない謎の影がつきまとう。しかもこの謎から得る帰結がその後の経緯に重大な影響をあたえた。会見の模様を伝える唯一の資料は、無署名の「裁判記録」である。その記録では、ガリレオは太陽中心説にかんして「訓告を受け」、ただちに「その説を捨てるよう求められ」たとされている。そして彼は「いかなる形でも、つまりたんなる仮定としても、その説を支持することを禁じられ、違反した場合には検邪聖省にて裁かれる。ガリレオは確かにこの規律に服し、それを遵守すると誓った」と記されている。

まず一部の人びとが、この文書は一六三三年〔第二次ガリレオ裁判〕のさい、偽造されたものであろうと考えた。紫外線検査の結果、文書は確かに一六一六年につくられたことが証明された。歴史家モルプルゴ・タリァブエも裁判記録は本物だと考える。もし偽物をつくろうとしたなら、もっと本物らしく見せるために、規則を守っただろう[1]。これに対し、サンティリャーナは、この文書は会見の内容をゆがめ、ガリレオに課された禁止事項を厳しくしているという。これは審問委員であるドミニコ会士セグリが、イエズス会士ベラルミーノはガリレオに甘すぎると考えて行なった工作であると主張する。

（1）偽物とする根拠はたとえば、「この文書がさきの二十五日の総集会の記録の続きとその裏面に書かれており、立会人の証人、また被告ガリレオなどの署名をまったく欠いている……」ことが挙げられる。参考文献AS、九三頁。ただしサンティリャーナが工作を行なった人物として挙げているのは、予審総主任ヴィンチェンツォ・マクラノ神父というドミニコ会修道士である。SG、四六七頁以下。サンティリャーナの著書『ガリレオ裁判』にはいかなる箇所にもセグリの名は見当たらない〔訳註〕。

奇妙なことに、実際ガリレオはローマを去る前の五月二十六日、ベラルミーノから手書きの証明書をもらっていた。その文中、枢機卿は学者にたいしていかなる改宗も求められなかったと断言し、さらにこう書いている。

　禁書目録閲覧聖省によって公表されたのち、この者に通告された教皇聖下の宣言によれば、この者は地球が太陽の周囲を回り、太陽が宇宙の中心で東から西に動くことはないとするコペルニクス説は聖書の教えに違反し、したがってこれを擁護したり、賛成したりしてはならないこととされている。

この証明書は、ガリレオが面子を保つために、ベラルミーニに求めたものである。実際、二月末から五月末にかけて彼は、コペルニクスの有罪判決など自分に痛くもかゆくもないといわんばかりに、何の用もないローマにだらだらと滞在した。三月六日、彼はピッケーナ〔クルジオ、一五五三～一六二六年。トスカーナの国事秘書〕に、何も心配することはない、禁書となったのはフォスカリーニの著作だけだと次のように書き送った。

ディエゴ・デ・スニーガの作品は……彼が矯正されるまで、市場から引き揚げられるだけのことです。……コペルニクスの作品については、彼の理論が聖書に違反していないと書いてパウルス三世に捧げた序文から、一〇の韻文が削除されました。……他の著作には、何も言及はありませんでした。私はといえば、ことの性質からして、何のおとがめもありませんし、敵対者たちが私を巻き込もうとしないかぎり、思い煩う必要はまったくないのです。

またガリレオは、権力者からよせられる友情と保護の証拠をしめすことに励んだ。教皇からは謁見許可さえもらった。教皇は、気軽に彼の言葉に耳をかたむけ、「自分が在位しているかぎり安心していてよい」という保証をガリレオにあたえた、デル・モンテとオルシニの両枢機卿には、それぞれコジモ二世宛に手紙を書いてもらい、学者としての自分の名声が安泰であることを保証してもらった。それでようやくフィレンツェに戻り、主人の前に堂々と出る気になった彼は、国事秘書官に手紙を送った。

貴殿の変わらぬご厚意に甘んじて、なにとぞ帰国の旅について以前と同じ名誉ある処遇が受けられますよう、また諸侯の方々から寝所を提供していただけるよう、ご高配を賜りたくお願い申し上げます。

Ⅳ　情勢好転──ウルバヌス八世、『偽金鑑識官』とインゴリへの回答

無関心を装いながら、ガリレオは、一六一六年の判決で大きな打撃を受けていた。それは、彼の文化的な野望をうち砕いてしまった。苦渋の思いは書簡に表われ、ときにはそこに「私の貧弱な才能と力だけでは到達できないような高度な知識を備えた」神学者たちにたいする辛辣な皮肉が走る。一六一八年五月二十三日、彼はオーストリアのレオポルド〔オーストリア大公、一五八六〜一六三二年〕に宛てて、これまでの自分の作品は「寓話」、「夢想」、「幻想」、「気まぐれ」、「怪談」と思っていただきたいという手紙を送った。そして、自分は「いまや服従し、先輩諸氏の定めた処置を信じるのがよいということがわかった」と語った。さらに信仰熱心のあまり、ロレートの聖母教会(1)への巡礼にさえ出かけた。

(1) ロレート（イタリア中部の町）のサンタ・カーザの聖母教会。マリアが天使から神の祝詞を伝えられた家が、ナザレからここに移されたという伝説がある〔訳註〕。

南イタリアのベッロスグァルドの別荘でガリレオは純粋に科学的な勉強をつづけ、木星の衛星の運動にかんする計算、海上での経度の計算法を研究した。経度の計算については、スペイン王に実用化を提案したが、実らなかった。このデリケートな問題を解決するには、ジョン・ハリソン〔一六九三〜一七七六年。イギリス人の時計職人、独学で経度測定器を発明する〕の航海用クロノメーターを待たなければならない。

しかし、いつまでもおとなしくしていられるガリレオではない。一六一九年、論争好きの悪魔がまた頭をもたげる。そのきっかけは、一六一八年十一月から一九年一月にかけておこった三つの彗星の出現である。この珍事件は、ただちに論評された。一六一九年三月、イエズス会士オラッィオ・グラッシ神父はローマ学院での「天文学的論議」と題する報告において、ティコ・ブラーエの宇宙体系を採用することよって彗星を解説し〔一五七五年の彗星を観測したティコは、彗星が太陽の周りを回転する惑星であるとした。GN、三頁〕、これらの彗星は月よりはるか遠いところで猛烈なスピードで回転し、天球と接触して燃えている天体で、その軌道は楕円であるとしたのである。グラッシのテクストはすぐに印刷された。

ガリレオは真っ向から反応した。彼は、彗星のなんたるかがまったくわかっていなかった。関節炎でベッドに釘付けになっていて、彗星を観測することさえできなかったのだ。だが、月の向こう側の空間を楕円を描きながら回る天体というのは、コペルニクスの体系を危うくする存在だ。これは受け容れるわけにはいかない。先験的に不可能な話だ。そこで、ガリレオはいささか場当たり的な説明を行なった。彼が最善の考えとして選んだのは、何とアリストテレスの『気象論』だった！　彗星は存在しない、ずばり彼はそういうのだ。それは太陽の光線が地上から蒸発する水蒸気に反射しておこる視覚的現象で、その位置は月より下にある。以前彼のライヴァルたちがレンズの欠陥を理由に木星の衛星を否定したのとまったく同じ方法で、彼は彗星を否定した。彼の考えではコペルニクス的宇宙では、彗星は「存在してはならない」からだ。

ガリレオはまず自分の見解を、弟子のマリオ・グィドゥッチに発表させた。グィドゥッチは一六一九年六月、フィレンツェのアカデミーで『彗星論議』を読み上げた。イエズス会士たちは騙されなかった。グラッシはサルシという偽名を使い[1]、手厳しくやり返す。ローマ学院の数学教師だった彼は、一六一九年十二月、『天文学的、哲学的天秤』を刊行した。天秤と題したのは、最後の彗星が黄道十二宮星座の天秤座に最後の彗星が入りかけたのと、この分野では議論を丁寧に比較考量しなければならないという理由からである。グラッシはグィドゥッチを無視して、ガリレオの正統性にたいする疑いを匂わせつつ彼を攻撃したのである。

(1) サルシ (Lotario Sarsi Sigensano) は、グラッシ (Oratio Grassi Salonensi (de Savona)) のアナグラム (並べ替え) である。参考文献GG、一六八頁〔訳註〕。

事が荒立ってきた。ガリレオの友人のなかには、反論するように勧める者もいた。「あなたの回答が待たれます」とグィドゥッチは書いてよこした。またステルッティ〔フランチェスコ、一五七七〜一六五二年。数学者、天文学者、顕微鏡の研究家。リンチェイ・アカデミー創立者の一人で会員〕のように慎重さを説く者もいた。結局、リンチェイ・アカデミー会員たちが共同でガリレオを擁護し、イエズス会に一大攻撃をかける作戦が練られた。彗星にかんする直接の問題については、グィドゥッチがサルシ(グラッシ)に答え、ガリレオは手紙の形式で本格的な攻勢をかけるという寸法だ。健康上の障害もあるので三年がかりの長文の書簡となった〔書簡はガリレオから、同じリンチェイ・アカデミー会員で教皇室長チェザリーニに宛てたことになっている。参考文献GN、三頁〕。

この書簡が、いわゆる『偽金鑑識官』であり、グラッシの『天文学的、哲学的天秤』への回答である。

つまりこの分野では月並みな天秤では不充分で、偽金鑑識官が使うような正確な道具が必要だということだ。著者はガリレオだが、本書はリンチェイ・アカデミーの幹部によって一六二〇年五月にアクァスパルタ公の屋敷で決められた原則にもとづく共同戦略的作品である。この作品は若い公爵ヴィルジニオ・チェザリーニに捧げられ、これが申し分ない防壁となった。ベラルミーノの知人であるチェザリーニは優秀な頭脳と富をもち、非の打ちどころない貴公子であると同時に、二十五歳のリンチェイの会員であり、ガリレオの信奉者でもあった。新科学の陣営への彼の参加は、大きな反響を呼んだ。彼の膨大な蔵書はリンチェイ・アカデミーにおおいに寄与し、彼の夭折後も会に引き継がれた。

ガリレオが『偽金鑑識官』を書いているあいだ、政治的・宗教的人事の一新があり、状況は彼にとって好ましい方向へと向かった。一六二一年、教皇〔アレッサンドロ・ルドヴィージ、パウルス五世、脳卒中で死去〕、さらにベラルミーノ枢機卿、そして大公コジモ二世があいついで亡くなった。フィレンツェで新たな主人となったのはフェルディナンド二世だが、のちに科学を熱愛し、ガリレオの賛嘆者となる彼は、まだ十一歳であった。ローマではグレゴリウス十五世の短い幕間（在位一六二一〜二三年）のあと、もう一人のガリレオ信奉者が教皇に選ばれた。すなわちマッフェオ・バルベリーニがウルバヌス八世となったのだ（在位一六二三〜四四年）。確かにステルッティがガリレオに「貴兄の君主はこの教皇がどれほど傑出されているか、どれほど思いやりがあるかご存知です」と書くように、あらゆる希望がかなえられそうだった。

教皇の甥フランチェスコ・バルベリーニは一六二三年からリンチェイ会員にして枢機卿、さらにローマ教会内外のあらゆる問題の監査役となった。他のリンチェイ会員では、ヴィルジニオ・チェザリーニが教皇特使、チャンポリ猊下が秘書官となり、デル・ポッツォ騎士はフランチェスコ・バルベリーニに仕えることとなった。ガリレオはフランチェスコに慶びの思いを伝えた。

文化が最果ての地に逐われていた長い空白が終わり、永遠に埋もれたかに思えた希望の芽が生まれようとしているのがみえます。

この瞬間からガリレオはローマに赴き、一六一六年、コペルニクスにたいして下された判決の取り消しを求めようと思い立った。

さしあたり彼は、リンチェイ会員と協力して、チェザリーニ宛の手紙として書かれている『偽金鑑識官』をウルバヌス八世に献呈した。『偽金鑑識官』においては、「きわめて繊細にして正確なる秤によって、ロタリオ・サルシ・シゲンサノの『天文学的、哲学的天秤』にふくまれたる材料が計測される」が、この著作は科学の概説書というよりは、自然哲学論争の文学書として傑作である。ここでは、彗星はもはや口実でしかない。科学的知識については、誤謬に満ちあふれているこの記述から得ることは何もない。逆にこれはいくつかの根本的な定言を含んだ、新しい機械論的科学観の見事なマニフェストである。まずその一つは「自然の書」にかんするつぎのような定言である。

自然の書［宇宙］は数学的言語において記録され、その文字は三角形、円などの幾何学的図形です。

自然の書は、これらなくしては、一語たりとも解することは不可能なのです〔参考文献GN五七頁、SA一三六頁〕。

科学は数学的言語を使わなければ成立しえないというわけである。

他方、ガリレオは自然のなかにさまざまな本質的構造を見分ける。それらは「形、数、運動」であり、また香り、色、味わいといったわれわれの感覚にとってしか存在しない主観的な特質である。物質の内的構造にかんしては、彼は明らかにルクレティウス、テレジオ、ジョルダーノ・ブルーノらを思わせずにはいない原子論者としての立場を採った。たとえば、熱は小物質の運動と摩擦に起因するとされる。このように論じたうえで、数学はガリレオにとって形而上学的定言である以上に、技術的、方法論的手段とされる。

内容もさることながら、『偽金鑑識官』は、その形式においても重要であったはずだ。グラッシの『天文学的、哲学的天秤』をたんねんに追いながら、ガリレオはそれを軽妙な辛辣な、ときには上品な批判で揶揄し、高邁な古代科学の権威にイエズス会がはらう敬意を皮肉たっぷりにはねつけた。自然の書は、アリストテレスの書では学べない。それは数学的公式と計測器械によって可能となるというのだ。

科学書というよりは文学書に近い『偽金鑑識官』は、知識人や社交界、宗教界、さらに一般の人びとのあいだで文句なしの成功を勝ち取った。一六二三年十月二十七日、この書物は教皇ウルバヌス八世に恭しく献呈された。教皇はおおいに慶び、チェザリーニは「貴著を食卓で朗読させた聖下は、貴殿にきわめて高い評価を下されました」と、ガリレオに報告している。教皇側近の友人たちにこのように励まされた彼は、いまこそローマに行って一六一六年に下されたコペルニクスへの判決を無効にしてもらう好機だと考えた。一六二四年四月二十三日から一か月半、ガリレオは永遠の都に滞在し、六十歳にして世間的には申し分のない勝利を獲得した。ウルバヌス八世は、六度にもわたって彼をこのうえなく親しく迎えた。だが、話がコペルニクス問題に触れると、彼は相変わらず寡黙になった。検邪聖省が下した厳粛な判決に、おいそれと手をだすわけにはいかない。時間が、それも長い時間が必要となろう。のみならず、教皇はきっぱりといった。神は全能であるから、あらゆる計算の示すところに逆らっても、地球は不動だということにしてしまうことはできなくはなかろう。こんにちなお「ウルバヌス八世の議論」として有名なこの種の理屈が通っては、いかなる科学も無力である。神をつかえばすべてが、たとえ矛盾であろうとも可能となる。

このような状況では、ガリレオにはフィレンツェに帰る以外、道はなかった。とはいえ、あらゆる希望が失われたわけではない。教皇は太っ腹なところをみせた。彼はガリレオの息子ヴィンチェンツィオに一六二七年以降払われるべき年金を、そしてガリレオ自身にも一六三〇年からの年金をそれぞれ下賜した。彼は枢機卿ツォレルンに「ローマ教会は太陽中心説を断罪したわけでもなく、異端と考えもせず、ただ大胆な説と見なした」と語ったとされる。だが、これはかなりいかがわしい解釈で、一六一六年の判決はきわめて厳格なものであった。

しかし、ガリレオはこうした恩恵を、努力をつづけるべき励ましと見た。フィレンツェに帰った彼は、太陽中心説に反対するフランチェスコ・インゴリ〔一五七八～一六四九年。民法学者、グレゴリウス十五世のもとで反コペルニクス主義の宣伝に努めた〕にたいする回答の形で小論を書いた。あまり論じられていないが、この記述は重要である。なぜならば、それは彼の文筆の才能と大胆さを象徴し、教皇をはじめとする聖職者階級を強引に説得してコペルニクス説を認めさせようという目的において、曖昧さを涵養しているからだ。彼の議論の趣旨は次のとおりである。

インゴリは、科学的、哲学的、神学的議論によって地球中心説を守ろうとしている。だが、私は前の二つの議論は粉砕するが、神学の領域に足を踏みいれるつもりはない。なぜならば、善良なるカトリック教徒であるわれわれは、純粋な原理によって教会の決定には、たとえそれが科学的、哲学的証明に反していようとも、従うということを万人に示さんがためである。それこそは、われわれが聖にして母なる教会〔Sainte Mere l'Eglise、とくに聖母教会の意味ではなく、ローマ教会に象徴されるカトリック教会全体をさす〕の忠実なる信徒であることの最良の証拠ではないだろうか？　そのようにすれば、すべてのコペルニクス主義の異端者は、善良なる信徒は正しい推論を完全に支持できることを知るであろうし、また彼らがその考えに与しないとすれば、それは彼らが推論を理解しないからではなく、聖書にたいする信仰だけが彼らに反対のことを信じるように命じるからであることを知るだろう。私は、コペルニクスが正しいことを「証明」し、同時に彼が間違っていると「宣言」するであろう。なぜならば、神学という「最高の科学」にわれわれは感謝しなければならないし、それがわれわれにそうするよう命じるからだ。要するに、これは「私はそれが不合理であるゆえに信じる」（Credo quia absurdum）という言葉を象徴する行為である。

皮肉な意図がはっきりしているがゆえに、巧妙だが危険の多い言葉だ。

だが、それはおおいにとはいわないまでも、かなり好意的に受け取られた。楽天家のガリレオはまたも励まされたと思った。ローマでの彼の人気は高く、一六二五年三月、モーリス・ド・サヴォワ公に庇護されたデジオージ・アカデミー〔Academia dei Desiosi。Desiosi は desiderosi「望みの高い人びと」の文語的表現〕が祝典を催し、席上、ジュリオ・ファブリーチが『偽金鑑識官』を称え、著者を科学の「クリストファー・コロンブス」にたとえて紹介した。この栄誉にはやや曖昧な点があった。というのもデジオージの会員は非常に進歩的な思想をもった文人であったが、彼らは道徳的面でも進んでいたからである。ファブリーチはガリレオの敵対者たちにたいしてきわどい揶揄を用いたが、これはカンパネッラがガリレオの名誉のために書いた異端派の弁明と同じく、ガリレオにとってはなくてもよかったかもしれない。彼は情勢のおもむくままに行動していた。なぜならば、敵は彼がつまずくのを虎視眈々と狙っていたからである。

第四章　有罪判決（一六二五〜一六三三年）

一六二五年から数えて七年間、ガリレオは科学的研究にもとづいて勉強すると同時に、教会と科学者一般にコペルニクス体系の正しさを納得させるため、一種の反アリストテレス的著作の集大成の編纂に打ち込んだ。それはその形式と会話的なスタイルで多くの読者に近づきやすい対話録の書物となり、これによって人びとはいかなる責任を負うこともなく、自由にどの論拠をも支持できるはずであった。ウルバヌス八世の好意に信をよせたガリレオは、この仕事に一六二四年から取り組んでいた。

しかし、仕事は遅々として進まなかった。彼はすでに六十歳を越えており、久しい前から健康はきわめて不安定で、しかも急速に衰弱の一途をたどっていた。とくに一六二八年には、日頃芳しくない病状がひどく悪化し、そのうえ家族問題で仕事はいっそう遅れた。ガリレオの家族関係には、あまり深い愛情の跡が見られない。一六二七年、弟ミケランジェロが妻と子供七人を連れてきて落ち着き、彼に世話をまかせて自分はミュンヒェンへ発った。そのことで彼は家族の面倒を見ない弟を強く非難している。一六二八年、息子ヴィンチェンツィオはピサで法学士の資格を得て、一六二九年、セスティリア・ボッキネリと結婚し、三人の子供が生まれたが、彼と父親との関係は疎遠であった。にもかかわらず修道院に入った二人の娘たちは兄とその家族にたいして嫉妬を感じていた。ただ長女のマリア・セレストだけは父親と親密な間柄であったことは、書簡に見られるとおりである。全体として、かなり情感に欠ける家族関係なのだ。一方、一六三一年からガリレオは娘たちがいる修道院付近の町アルチェトリに借家住まいをしていた。

彼は科学技術的研究をつづけ、一六二四年、顕微鏡を実用化して、そのモデルをチェージ殿下に一つ送った。一六二六年、磁力にかんする研究をはじめた彼は、離れて働くその作用について悩みつづけた。さらに一六三一年、彼はアルノ河の整備計画にかんして大公に進言をしている。

I　イエズス会との対立

一方、敵対者たちは武装解除をしていなかった。この頃からイエズス会士たちは、新思想にたいして戦線を組みはじめた。ガリレオに好意的な新教皇とその取り巻きに鑑みると、彼らにとって文化的破壊は深刻に思われた。ずっとのちの一六五一年に発行された『高等教育令』は、第九回信徒総会のさいに生まれたもので、この資料は新しい命題に対抗する必要性を表明している。

新たなテーゼにどれほどの蓋然性があろうとも、会士たちは教義の統一性と連帯性を見据えつつ、これらにたいし沈黙を守ることが重要だと判断する。

新思想のなかには原子論と地動説がふくまれる。要するに、イエズス会士は教義の一体性を守るために、たとえ真実らしく見える科学思想であっても排除しなければならないことを、最も厳格な形式で宣言した。こうした状況においては、いかなる合理的な議論も通用しない。密教的に固められた原則にたいして、ガリレオがさまざまな科学的主張を並べようとしても、それは時間の浪費なのだ。

すでに一六二四年九月、グィドゥッチは、ガリレオの大学への復帰講演のさい、「ローマ学院では新思想の信奉者、あるいはアリストテレスに従わざる人びとに対抗する講演が開かれた」と、報告している。一六二四年十一月五日の開講においては、「新思想に飢え」、「異端の種を」をまき散らす学者たちをP・スピノラが攻撃し、数名の著者が告発された。

ついで一六二五年四月十八日、ローマからの情報提供者マリオ・グィドゥッチが、『偽金鑑識官』は教皇から好意的に迎えられたにもかかわらず、非難されるべき理論を含む書物として検邪聖省によって告発されたと報じてきた。このエピソードは、一九八三年に発行されたピエトロ・レドンディの著作『異端者ガリレオ』においておおいに利用された。同書の主張によれば、ガリレオ攻撃の真の動機はコペルニクス的宇宙体系にはなく、彼の原子論的物質構造論にあるとされた。ピエトロ・レドンディは、第一次資料（すなわちG3と名付けられた無名の告発書）を発見したと考えた。そしてガリレオの光の粒子的特徴や熱源的性格にかんする理論は、デモクリトスの原子説から得たもので、これが実体変化（パンと葡萄酒がキリストの血と肉に変化すること」を中心とする聖体秘蹟のドグマに抵触したと明言した。レドンディの考えでは、この告発状の著者はグラッシ神父で、ガリレオの『偽金鑑識官』の皮肉混じりの批判を面白からず思った神父は、全面的にこれに反論しようと腐心したとされる。さらにこの歴史家によれば、一六三三年の裁判の争点も、実は太陽中心説よりもむしろ形而上学的にも神学的にも重要な影響力をもつこの原子説だったという。太陽中心説の争点はガリレオを重罪から免れさせるための口実だった、つまりコペルニクス説を利用して彼を黙らせたから、異端の原子説を唱えたジョルダーノ・ブルーノのような死刑を彼に課さずにすんだというわけである。

この主張は魅力的であるが、全面的に支持することはとうていできない。一九九二年、ピエール＝ノエル・マヨー神父は「新たなガリレオ事件に向かって」と題する記事において、レドンディの主張の根拠が薄弱であることを指摘している。

いずれにしてもグェヴァラ神父に託された審査の結果、告発は根拠なしとされた。『偽金鑑識官』にたいするグラッシの回答のほうは、一六二六年の暮れ、パリでロタリオ・サルシの偽名において刊行され、『天秤とシンバルの重さの比率』〔サルシはこのタイトルでガリレオを耳障りなシンバルにたとえた。参考文献GN、九頁〕と題されたが、それはガリレオの著作にいちいち難癖をつけ、明らかに異端の告発の場に引きよせようとしていた。そうはいってもウィリアム・シーアが示したように、『偽金鑑識官』は誤謬に満ちあふれており、その彗星にかんする考え方は支持しがたく、デタラメに近い。立場が一貫してないのは、ティコ・ブラーエの宇宙体系をうち破りたいという盲目的願望に、彼が引きずられたからである。シーアは言う。

ライヴァルにたいする怖れから、ガリレオは公正を欠いた批評家になってしまった。彼はティコの名声を叩き落とすために、彗星を天空から外そうとしなかったろうか？　彼はティコが偉大な円運動の理想を放棄したといって非難した。［……］それでいながら、彗星の進行を直進運動によって説明しようとした自身の失敗は、カモフラージュした。彼はティコが、天文学の大作を著わすと約束しながら果たせなかったことを残念がったが、自分は一六一〇年に宇宙体系にかんする概論を書くと誓いながら、以来九年間それを実行しないまま過ごしたことに言及するのを忘れた。ガリレオはティコを馬鹿にして「彼は数学の初歩を勉強する必要がある」と言った。

狭小なことだが、人間的でもある。ガリレオは必要に応じてアリストテレスを利用し、「もつれた糸のような問題に手を焼いた。アリストテレスにたいして視差方式を用い、ついでそれを拒否、彗星が稲妻より高いことを証明するために再び採用」した。グラッシは、ガリレオが彗星を説明するために使った水蒸気については、風が吹き飛ばしてしまうといって反対した。ガリレオは風は山のてっぺんより上では吹かないと言い返したが、そうでないことをグラッシは三年前に証明したと述べ、「ガリレオはティコを論駁するのに熱心なあまり、自分が太陽中心説の入り込む余地のない宇宙観を擁護していることを理解できなくなっている」とした。

一方、哲学の領域と辛辣な弁舌にかんしては、ガリレオは遙かに役者が上だった。たとえばアリストテレス派は熱を運動のみに起因させ、グラッシはバビロニア人が卵を投石器のなかに入れて回転させて茹でたという逸話をもちだして、それを証明しようとした。ガリレオは皮肉たっぷりに、反論した。すなわち、われわれにも投石も、生卵もある、そしてそれを振り回せるだけの屈強な若者たちもいる。だが、それで茹で卵はつくれない。つまり「残っているのは、バビロニア人になることだけだ。バビロニア人になることで、茹で卵ができるのであって、空気との摩擦が原因ではない」わけだ。彼は追い打ちをかける。

グラッシが走ったら、きっと頬に空気の涼しさを感じるに違いありません。なぜ彼は、生身の体験よりも、二〇〇〇年前に起こったことにまつわる話のほうを信じようとするのでしょうか？〔参考文献GN、三四〇頁〕

思うにグラッシ（サルシ）は、ガリレオが機会を逃さず彼を揶揄するので、茹で卵づくりに派遣されるのは気が進まなかっただろう。太陽の光の反射理論を示すために水差しと油のしみを使った実験について著わしたガリレオは、「だからといって私は天上に巨大な水差しと、油に指を入れる人が存在するとか、そのように彗星が生まれるなどというつもりは毛頭ありません」といい、サルシに弁明してもらいたいという〔参考文献GN、一九九頁〕。

原子論にかんしていうならば、ガリレオは事実上、物質の本質的、究極的構成要素をさして「微少」

とか「微量」という言葉を好んで使った。このときの彼は実体変化の結果について、まったく考えていなかった。しかし、グラッシは『天秤とシンバルの重さの比率』でこのことを採り上げ、聖なる変化のさい、パンとワインの熱、色、香りの性質が残っているのに、キリストの肉体となった物質が残っていない点にこそ、奇跡の神秘が宿るとした。一方、ガリレオにとってこうした性質は固有の実体をもたない、たんなる名前だけと考えた。「しかし純然たる名目を保つために、永遠の奇跡が必要だろうか？」と、グラッシは疑問を呈する。

ごらんなさい、そのような形色〔聖別後のパンとワイン〕の真実を規定し、神聖なる力にそのような効果を発揮させるために懸命に努力してきた人びとから、彼はいかにかけ離れていることか？〔……〕実を言えば、地球の不動性〔地球中心説〕は、われらの信仰にとって基本的な点に数えられるわけではないのだが、私が間違っていないとすれば、地動説にたいして許されなかったことが、信仰の本質をなすものにたいしてであれ、他の本質的な点を含むものにたいしてであれ、なおいっそう認められるはずがないであろう。

手厳しい攻撃である。しかしさしあたり、事態は変わらなかった。なぜならば、ガリレオはリンチェイ・アカデミーからの忠告にもとづき、相手にしまいと決心していたからである。チェージ殿下はチャンポリに相談したのち、事態を静観し、むしろ『天文対話』という「より重要な記述」を完成させるのに好ましい状況を利用すべきだという意見に傾いていた。そう決まったのは、一六二八年九月である。先を見通した順応主義といえる。というのも、状況は本質的に流動的で、好転してもそれがいつまでつづくか、だれにもわからなかったからだ。ガリレオの友人たちは、よい地位に恵まれていった。一六二六年、ベネデット・カステッリはローマの古い大学サピエンツァで数学の講座をまかせられた。一六二九年、カヴァリエリ神父〔ボナヴェントゥーラ、一五九八〜一六四七年。本文一四八頁ならびに、参考文献AK1、四四七頁〕はボローニャ大学でやはり数学の講座を得る一方、ピエトロ・パラヴィチーノはリンチェイ入りを果たした。イエズス会には、テアティーニ会や正規小修道士会、ドミニコ会までもが嫉妬していたから、かえってガリレオとは親しむようになった。『偽金鑑識官』に好意的なリッカルディ、ステファーニ、アリッギ、ラファエロ・ヴィスコンティといった神父や、その他の説教師たちが、主要ポストに就いた。

そして、こういう人びとこそが、ガリレオの新しい著作についての審査や許可において、重要な役割を果たすはずであった。太っているので「怪物神父」という渾名をもつリッカルディは、印刷者に同意や拒否をあたえる任務を負っていた。一六三〇年初頭、『天文対話』を完成したガリレオは、五月になってみずから原稿を持参し、リッカルディとヴィスコンティ神父と会って親しく話した。すべてはア・プリオリに順調にいくはずであった。だがその瞬間、信じがたいような取り違え、不幸な偶然と不用心さなどが重なり合い、事態は悲惨な状況へと急展開したのであった。

Ⅱ　情勢の変化

最初、リッカルディとヴィスコンティは、この原稿にほとんど何一つ文句をつけようがないと思った。ならばガリレオはローマに長居をする必要はない。サン・プラクセーデ神父、オラツィ・モランディをはじめとする多くの名士たちにもう迎えてもらっていた。ところが、ガリレオがフィレンツェに帰ったときと相前後して、七月初旬、モランディが投獄された。占星学に熱中していた彼は、近い将来、教皇が死ぬという予言の書を発表していたからである。一六三〇年十月九日、その彼が亡くなる。一方、ヴィスコンティはモランディの友人だったが、調査の結果、ヴィスコンティの著作の一つ『ウルバヌス八世にかんする占星学的対話』が発見された。ヴィスコンティは逮捕され、追放された〔彼は無実を主張したとされる。参考文献SA、一九八頁〕。ガリレオにたいしてヴィスコンティの友情は周知のことだったため、彼の学者としての立場は微妙になった。

さらにガリレオの支持者がつぎつぎと亡くなる。一六三〇年、チェージ殿下が没し、財政支援を奪われたリンチェイ・アカデミーは打撃を受け、ローマに代わってガリレオの著作の刊行を引き受けることを断念した。カステッリは彼に、フィレンツェで印刷することを勧めた。もう一人の有力な旧友ジョヴァンニ・チャンポリは、怪物神父リッカルディに印刷を認めるよう圧力をかけた。だが、イエズス会からせっつかれたリッカルディは、「通読後承認」された著作をガリレオに送り返した。いろいろと不安を感じていた彼は、再検査のために原稿を再送することを要求した。九月二十一日、カステッリはガリレオに、リッカルディがもう一度会いたがっているが、猛威を振るっているペストのためにフィレンツェには来られないので、彼に原稿の写しを送るべきだと伝えた。ガリレオは苛立ちはじめた。リッカルディの姪の夫でローマ駐在フィレンツェ大使が、妥協案を提案した。リッカルディは著作の前文と結論だけを読む、残りの部分はフィレンツェの異端審問官が検閲するというものだ。しかし、絶えず圧力を受けているリッカルディは、煮えきらないところを見せ、地動説の現実性を示す部分を排除しなければならないという点で粘りつづけた。一六三一年七月十九日、結局、リッカルディは前文と結論について許可を出した。この承認の実現は、チャンポリの介入に負うところ大であった。

フィレンツェで印刷が開始され、一六三二年二月二十一日、著作が発行された。数日後、(実に不運な偶然が重なって)枢機卿会議でウルバヌス八世はスペインの枢機卿ボルハと口論をした。ボルハがフェリーペ四世の名において、教皇は新思想と異端にたいして寛大に過ぎると非難したからである〔スペイン王のプロテスタントとの戦いに、援助しなかった教皇を枢機卿が非難したともされる。参考文献SA、二一五頁〕。しかるにチャンポリは、ボルハの友人であった。親スペイン派を粛清しようとした教皇は、突然チャンポリから全権を剝奪し、八月に彼を追放処分とした。おりしも、チャンポリが公認した『天文対話』発刊のニュースが流れた。彼を怪しむに、充分な理由である。そればかりではない、新著の検閲はフィレンツェで行われたのに、印刷許可はローマであたえられている。これも正規のやり方ではない。人びとは扉の上にある三匹のイルカにさえ、疑惑の目を向けた。教皇の三人の甥にかんする隠然たる門閥主義にたいする当てこすりではないか？　実際には、それは印刷所のマークである「三匹の魚」でしかなかったのだが……。

いずれにせよ、本書は、悪い星のもとにうまれた。ウルバヌス八世はリッカルディに親書を送り、次のような点について説明を求めた。

①責任者に発行の連絡もないまま、無許可でローマの印刷許可が利用されたことについて。
②前文を本文と異なる活字で印刷し、前文が本文とは無関係であるかのように見せたことについて。
また対話者たちが一人の愚か者の口に「最後の薬」[1]を入れたことについて。

（1）最後の薬とは臨終のさい、死者の体に塗る油すなわち終油のことである。『天文対話』においてシンプリチオという愚か者役が出てくるが、それが潮の干満にかんして教皇の説をあくまで信じると頑固に言い張る部分がある。この男が論破され、事実上、抹殺されることにたいし、教皇自身が侮辱を感じて激怒したとされる。本文一一五、一一八頁参照。さらに参考文献GT2二五五頁、AS一三九、一五六頁など〔訳註〕。

③地球の運動と太陽の不動性にかんして、しばしば仮定の形式を離れたことについて。
④上記の問題を、まだ定義が下されていないかのように扱ったことについて。
⑤聖なる教会が最も大きく依拠している著者たちをこきおろしたことについて。
⑥幾何学的事象の理解において、人間と神の知性を何らかの形で同一化したことについて。
⑦プトレマイオス派がコペルニクス派になったのであって、その逆ではないということを当然のよ

うに考えたことについて。

⑧地球の運動と太陽の不動性の物理的真実は、それらがなお未解明であるにもかかわらず、それらを証明するために潮の満ち引きの存在を不当に押しつけたことについて。

⑨太陽が宇宙の中心で地球が動いているという説を完全に放棄するべしという命令を検邪聖省から一六一六年に受けたことについて。この説を彼はいかなる方法であろうと支持、ないし擁護してはならないし、これを犯した場合は、検邪聖省は彼をきわめて厳しく尋問することとなった。ガリレオはこの命令を受け容れ、それに従うことを誓った。

著書は全部市場から引き揚げられ、一時的な改訂を待つこととなった。そのことをリッカルディは、フィレンツェの異端審問官クレメンテ・エジディオに宛てて記す。

ガリレオの本が当地に到着しました。芳しくない内容がたくさん含まれており、庇護者の意見では、ともかく修正しなければならないそうです。[……]本書は、必要な修正を施さないうちは、一部たりともローマに届かないよう遮断されなければなりません。この点については、教皇大使と話し合われ、スキャンダルを避けるべく必要にして有効な方法で行動してください。

つまり、慎重に行動せよ、スキャンダルは避けるべし、ということだ。ガリレオは一廉の人物で、そのうえ大公お抱えの哲学者であり数学者だ。そして大公は事態に不満である。となれば、作戦が物を言う！　まず、ウルバノス八世が状況を調べるため、神学者を集めて特別委員会を開いた。この手続きは完全に異例で、さまざまな評価を生んだ。八月半ば、枢機卿バルベリーニによって召集され、主宰された会は、『天文対話』を検邪聖省の検討対象にできるか否かを論じる、というのを公の目的とした（事実は、ガリレオとその主人の大公を排撃するための対策が論題である）。会の顔ぶれはガリレオの友人たちを心配させずにはいなかった。うるさいくらい熱心な支持者カンパネッラは、ガリレオに書いた。

　あなたにたいして敵意をもつ神学者ばかりを集めた会が組織されると聞いて、嫌悪を感じます。数学と哲学に精通する者が、誰一人加わっていないのです。

　一方、フィレンツェの大使ニッコリーニも国務卿チオリに宛てて、「自分が見るところ、ガリレオ氏に敵意をもつ者ばかり」が委員になっていると書いた。現代では、ピエトロ・レドンディがこれとは違った意見をもっている。すなわち、委員のなかで知られている三人の神学者のうち、アゴスチーノ・オレッジは「ガリレオに反対する論争を、決して積極的に進めようとはしなかった」し、ザッカリア・パスクァリーゴはテアティーノ会士なのでイエズス会に敵対的だった。メルキオール・インコフェール〔一五八四年頃〜一六四八年。ハンガリー出身のイエズス会士〕は「狂信的な反コペルニクス論者」のイエズス会士だが、レドンディによれば、彼は太陽中心説の問題を強調することによって、より重大問題である原子説から人びとの注意を逸らせることにあったとされる。この説には、マヨー神父は同意しない。神父によれば、上記の人びとは天文学において優秀な能力があり、たんに原子説の問題をカモフラージュするためだけに教皇の命令を受けた役人と見ることはできないという。

ウルバヌス八世がガリレオにたいして怒っているということだけは、おそらく確実であった。九月五日、フィレンツェの大使ニッコリーニがこの問題にかんして謁見を求め、そのときの模様を報告している。

教皇は突然激しくお怒りになり、われらのガリレオも、禁じられていた領域で、こんにち考えられる最も危険な問題に口を出したと、単刀直入に仰せられました。「ガリレオは聖下の聖職者のお許しがないものは何一つ印刷させておりませんが」と私はお答えしました。[……]聖下は憎々しげに「聖職者のガリレオとチャンポリに騙された」と言い返されました。

教皇はさらに、リッカルディも策を弄して自分から印刷許可をもぎとったといい、こうつけ加えた。

ガリレオは問題が何に関わっているか、よくわかってるはずだ。私たちはしばしばこれらの議論をしてきたから、彼は問題を熟知しているのだ。……彼はむしろ、聖省に召集されないよう用心しなければなるまい。

「騙された」。……確かにこれは、今まで尊敬してきたガリレオにたいする、ウルバヌス八世の怒りの言葉に違いない。教皇は本物の科学的知識をもっているわけではない。ただガリレオの方法論に魅せられてはいるが、地球中心説に忠実にしたがい、コペルニクスの仮説は計算がたやすくできるような学者のいわば便法であり、計算そのものは副次的行為であって、神の力を制限することなど絶対にできないと信じていた。彼は、自分が弄ばれたように思った。一六一六年以来、コペルニクスは有罪とされている。ところが、ガリレオは不正な手段によって明らかにコペルニクス的な内容を含む本を発行し、そのなかでコペルニクスの信奉者シンプリチオなる人物の口を通して、かの「有名なウルバヌス八世の主張」にきわめて近い自説を語らせているのである。『天文対話』におけるシンプリチオは愚か者ではない。彼は引き立て役である。ただ、やはり彼の名前はシンプルつまり「単純な」とか「おめでたい」といったけしからん意味を思い起こさせる。実際にはシンプリチオは、アリストテレスの承継者シンプリキオスのイタリア語読みだが、ガリレオは他の名前を選んだほうがよかったかもしれない。悪意ある著者なら、揶揄しようとしている思想の擁護者にごく無心にそういう名を付けると考えられるだろうか？

自分がからかわれたと思うウルバヌス八世に、ガリレオを守るいわれは毛頭なかった。委員会は実質的には大公を見逃すための風よけであり、したがって、会は『天文対話』が明確にコペルニクス的書物であり、一六一六年の「以後、太陽中心説を一切支持しない」という誓いをガリレオが破った、という結論にあっさり到達した。これに応じて、案件は検邪聖省に持ち込まれ、ガリレオはローマに出頭するように命じられた。聖庁の歯車が再び動き出したわけである。一六三二年九月二十五日、教皇の弟で枢機卿にして異端審問官アントニオ・バルベリーニは、フィレンツェの審問官に書簡を送った。

　聖下参会のうえ開かれた図書検閲聖省において下された決定により、ガリレオをローマに召還し、彼がフィレンツェで印行させた書物にかんする説明を求めることとなりました。つきましては彼を、若干の証人と一人の弁護人がいるしかるべき場所に、彼らの立ち会いの理由をあかすことなく召還してください。そのうえで彼に、ローマの検邪聖省委員会に、きたる十月末までに出頭するよう告知してください。本会はそのとき彼がどうすべきかを指示するでしょう。

　十月二日、ガリレオは召喚状にサインをした。だが、彼は何が自分を待ち受けているか訝っていた。彼はまだ裁判官たちを説得できるかもしれないという淡い希望をもっていた。だが、ニッコリーニがそれをうち砕く。彼は「自分を弁護しないようにしてください。そんなことをしても立場が悪くなるだけです」といい、さらに「このさい、最善の道は、裁判官の感情にすべてを委ね、会の枢機卿たちに不快感をあたえるような真似は一切しないことです。さもなければ、あなたは取り返しのつかない苦しい立場に立たされるでしょう」ととどめを刺すようにいった。

　こうなったらできることは、召還の期限を引き延ばす以外にない。数か月のあいだガリレオはローマに行かない言いわけをあれこれと重ねた。「自分は年寄りだ（七十歳）」、「病気だ（これは本当）」、「陽気が寒い」、「近年のペストの流行で外出が禁じられている」などなど。一六三三年一月、検邪聖省がしびれを切らし、ニッコリーニはフィレンツェに手紙を書く。

彼らは、この事件を寛大に処理する気もなければ、ガリレオの出頭をうやむやにするつもりもありません。彼には、「ただちにしたがわなければ、警察官と医者が派遣され、逮捕されて最終裁判所の鉄格子で囲まれた牢獄にいれられるだろう」といい聞かせてください。彼が聖省の寛大さを乱用したことは、それほどに明白なのです。

健康や年齢のせいで逃れることはもはや不可能だ。そこでガリレオは、一六三三年一月二十一日にローマに向かって発ち、二月十三日に到着し、フィレンツェ大使館に泊まることとなった。

Ⅲ 『天文対話』、コペルニクス説の宣言（一六三二年）

罪体となったものは『天文対話』である。当局の回収が遅れて数十部が流通した本書は、どういう内容を含んでいたのか？ 編集内容を予告する完全なタイトルは、『リンチェイ・アカデミー会員ガリレオ・ガリレイによる、プトレマイオスとコペルニクスの世界二大体系にかんする四日間にわたる対話』である。テーマは、一方は公認され、他方は禁じられた、二つの対立する宇宙体系についての総合的な検証である。禁じられた体系が実は正しいことを、あたかもそれが間違っているかもしれないかのように思わせながら証明するというだけに、これは危険な作業である。そのため形式上いろいろ配慮が必要である。対話は三人のあいだで交わされながら進む。まず、シンプリチオ、……この名前は六世紀のアリストテレスを擁護した哲学者シンプリキオスから採ったものだ。サルヴィアティは、一六一四年に亡くなったフィレンツェの貴族で、コペルニクス派の議論を提示する。そしてサグレドは、一六二〇年に亡くなったヴェネツィアの貴族で教養豊かな紳士を演じ、いろいろ質問をして情報を得ていく。この手法はプラトン的だが、これによって著者を巻き込むことなく、中立的に論点を明らかにできるので、しばしば利用される対話形式である。

もう一つの配慮は、前文と結論にある。前文においてガリレオはあらためて、コペルニクス説の原動力をなす数学的証明の目的を説明する。それは、もっぱら数学的証明がよく知られており、それを示すことによって、ライヴァルが乗っている梯子を外してしまうためだ。つまり、数学的証明を受け容れられないのは「敬虔さ、宗教、神が全能だという認識ゆえであり、人間精神の弱さゆえであること」を示すためだと彼はいう〔参考文献GT1、一六頁〕。他方、結論で彼はウルバヌス八世の主張を利用する。すなわち、締めくくりの言葉としてシンプリチオは次のように発言する。

正直に申しまして、あなたの議論は、今まで耳にした、いかなる議論よりも巧妙に思えます。ですが、私には、それが真実だとも、決定的だとも思えません。〔なぜならば〕人間が、神の全知全能を限定して、ある特殊な観念に同意するのは怖れ多いことだからです〔参考文献GT2、二五五頁〕。

コペルニクスは正しい、だが私は信じない。なぜならば、それは神の全能を抑え、他の体系をさしおいて、ある一つの体系にその力を閉じこめてしまうから。いいかえれば、二プラス二イコール四は真実そうに見えるけれども、二プラス二イコール五である可能性を排除するのは拒否する。なぜならば、神様がそのように定めることだってありえるから……というわけだ。

見ての通り、『天文対話』はなおプトレマイオス的な本であり、科学哲学の論争の書、というよりむしろ科学書なのである。イタリア語で、しかも上品で辛辣なスタイルで書かれているのは、本書が「教養豊かな紳士」を対象としているからであり、その意味で形式上カスティリーネの『宮廷人』〔バルダサール、ノヴェッラータ伯、一四七八〜一五二九年。著書『宮廷人』は処世術の書として当時人気を博した〕を思わせないでもない。ガリレオのすごさの秘密は、科学だけでなく文学の才能に恵まれていたことであり、科学理論の宣伝・普及において抜きんでていた彼は、専門家の世界をかき乱す存在だった。聖書と科学と、神と自然を独占しようと懸命になっている教会を、彼が脅かした理由の一端はここにある。

読者から彼が受け取った感謝の手紙は雄弁である。

一六三二年五月二十六日、アレクサンドル・カッチャは「貴兄のおかげでこうした問題に門外漢の私も、少なくとも部分的には理解できました」と書いた。

ミカンツィオは「今まで理解不能と見えた要点が、見事な明晰さで解説されています」と賞賛した。

カンパネッラは夢見心地で「新世紀の始まりです」と記した。

「あなたは自然の深奥をひらきました」と七月十七日、またしてもミカンツィオは書く。ガリレオのおかげで読者は知的になり、自然の秘密を理解できるようになる。彼は読者に正しく推理すること、そして自分自身で考えることを教え、「いかなる精神の結果であれ、それがたまたま真理において鍛えられた精神の結果であるならば、千人のアリストテレスといえども到達しえないであろうということ」を示した。

このような大衆にたいする呼びかけは、アリストテレス派の陣営を確かに動揺させた。たとえば、一六三一年四月、天界の永久不変を擁護するため、ラテン語の大著『熊の薔薇』Rosa ursina〔薔薇と熊は、シャイナーのパトロンだったオルシニ家の家紋である〕を発表していたシャイナー神父は、『天文対話』発刊の成功の知らせに接し、危うく心臓発作を起こすところだった。一六三二年六月十九日、カステッリはガリレオに宛てて伝えている。

シャイナー神父は、図書館でオリヴェターノなる人物に会いました。〔……〕彼が『天文対話』について満腔の賞賛をもって語るのを聞き、神父は動転しました。彼は顔色を変えて震えだし、足もとから崩れ落ちました。私にその話をした図書館員も、大変驚いて肝をつぶしたそうです。

もちろん中立的なタイトルにもかかわらず、『天文対話』がねらっている真のテーマについて、誰一人見誤る者はいない。潮汐論は対アリストテレス主義にとって本質的議論だと考えるガリレオは、むしろタイトルを『潮の満ち干について』としたかったかもしれない。だが、友人たちがそれに反対した。そのタイトルではあまりに挑発的すぎるというのだ。とはいえ、ヴェネツィアのサグレド邸で展開されたとされる『天文対話』の四日間は、アリストテレス主義を打倒するために使われたばかりでなく、認識論に向かってより広い展望を切り開くための時間となったことに変わりはない。

第一日目、ガリレオは宇宙の不変性を攻撃し、もしアリストテレスが生き返ったら、それを捨てるはずだと断言した。「アリストテレスがこんにち生きていたら、彼は意見を変えると私は確信している」と彼は語った。アリストテレスが不変の宇宙を信じたとしたら、それは彼がいかなる変化も見なかったからだ。しかし、こんにち新しい星が出現し、太陽の黒点や月の隆起が発見されたり、彗星が現われたりしたことで彼の認識とは逆のことが証明された。宇宙全体は一つの同じ性質をもち、同じ法則に服するとすれば、それは重大な認識論的結果をもたらす。天空が地球と同じ性格をもつ以上、それを研究するのに類推を適用してよいことになるし、同一、相違、不確実を区別すれば、少なくとも真実らしい知識に達することが可能となる。

他方、数学によって、人びとは確実性に到達し、神の認識に加わり、事物を「徹底的に」理解することができるようになる。神はもちろん量においても、「広がりにおいても」〔参考文献GT1、一六一頁〕人間よりはるかに多くのことを知っている。

しかし、人智にも理解しえるそのごくわずかな命題についていうならば、それらの命題についてもっている人間の認識と神の認識とは、それら命題の客観的確実性にかんするかぎり等しいでしょう。なぜならば、われわれはそれらの必然性を理解するようになっているし、それ以上に高い確実性をあたええるものはおそらく何もないからです。

神は自然を数学的に考え、人間は数学によって神と同じ知の次元にいたる。もちろん、それは限られた領域のなかでのことだが、しかしその領域は絶えず広がっていくのだ。プラトン主義的コペルニクス説というべきか？　しかし、それもほとんど重要な問題ではない。プラトンとガリレオのあいだには途方もなく大きな違いがある。プラトンにおいては、神の思想への接近は神秘の次元、つまり超合理的次元に属した。ガリレオは神秘主義の対極にいる。彼の神とは、すなわち偉大な宇宙の建築家である。E・A・バート〔エドウィン・アーサー、一八九二～一九八九年。アメリカの宗教哲学者、近代科学史家〕はその著書『近代科学の形而上学的基礎』において、「神はその創造的事業において幾何学者であり、世界を完全に数学的体系とした」と述べている。シンプリチオは、この考えに動揺する。

私がほとんど数学的体験などしていないことを忘れないでください。それでも自由に言わせてもらいますと、あなた方の主張では〔参考文献GT1、五一頁〕……私の疑問というか不信感に終止符を打つことはできません。

ガリレオは、次のような大胆な仮説さえも再び採り上げる〔彼はこの仮説をプラトンから得たと言うが、それはどこにも見あたらない〕。すなわち、神はあらゆる天体を同じ一つの点においてつくり、そこから各天体はまず直線的に落ちはじめ、次第に円軌道をとるようになったという。さらに、彼はそのことを計算によって証明できるとさえ主張する〔ただし、それは『天文対話』のなかには収まりきれないほど面倒なことだともいう〕。彼は、そんな計算は一度もしなかったし、メルセンヌ〔マラン、一五八八〜一六四八年。サルト県出身の数学者、音響学・音楽理論家、デカルトの親友。ガリレオ・ガリレイの積極的な支持者〕が『普遍的音階学』〔参考文献AK1、四四六頁〕において試みたように計算したとしても、いかなる結果にも達しなかったであろう。彼の議論の根拠は直観にすぎなかった。ウィリアム・シーアがいっているように、「ガリレオの自尊心は才能におとらず大きく高く、そのいずれにおいても、自己の限界を超えることができた」。

『天文対話』の二日目は、地軸を中心とする地球の自転にあてられた。この主張にはそもそも単純化による利点があった。というのも、地球を中心に宇宙全体が回るという説よりも地球の自転説のほうが、星全体の見かけの運行をより簡単に説明できるからである。ついで、ガリレオがそれまで否定してきたすべての伝統的議論が検証された。地球が回っているとすれば、その遠心力は大変なものとなり、あらゆる物体は地表からとばされ、鳥は巣に戻れないし、東に向かって発射された弓矢や砲弾は、西に向かって発射された場合よりずっと短い射程距離しかもたないだろう。また、塔の上から投げられた石はその真下には落ちないであろう。ガリレオ＝サルヴィアティは、いずれの問いにも数学的に回答した。そしてその幾何学的、算術的証明が、シンプリチオを苛立たせる。彼にとってややこしい説明は、自然の哲学にふさわしくない。

自然の哲学にかんしていうならば、私は細部にまで立ち入る必要はないと信じます。運動の定義、すなわち自然の運動と暴力的運動、均等な運動と加速度的運動との区別にたいする一般的な知識だけで充分でしょう〔参考文献GT1、三三三頁〕。

さらにシンプリチオに言わせれば、人間はまず、物体は垂直に落ちるというみずからの感覚の証言を信じなければならない。そして「もしわれわれが感覚を信じてはならないとしたら、一体どの扉から哲学の世界に入らなければならないのか?」と彼は問う。

ガリレオによれば、それは「数学の扉から」だ。だが、彼は自信過剰から、いくつかの誤りを犯す。たとえばウィリアム・シーアが指摘するように、「もし彼の理論が正しければ、投石機の石は、引き留める力がどんなに微弱でも飛ばないはずである。いくつかの彼の理論、たとえば落体曲線の軌道を認める理論は誤りであることが判明すると、彼はその誤りを認めずに、冗談として片づけようとする。「あれを冗談として言ったことは、まったく明らかだ」と、のちに彼は書いている。

地球の公転が話題になる三日目には、傲慢さが混じった自信さえ現われる。物体の落下にかんして方法論の問題に立ち返りつつ、ガリレオは実験を二義的立場におく。

実験をしなくても、結果は私が言うとおりになるはずです。なぜならば、そうなるに「決まっている」からです。

実験はえてして実現不可能なものだ。だからためらうことなく実験を想像し、その実験を実際に行なったと断言する。たとえば、星の見かけの直径を計るために紐を垂直に垂らし、その紐の長さで正確に星が隠れるまで紐から離れる。それからは計算の問題だ。ガリレオは、それを「きわめて正確な作業」と呼び、これによってティコ・ブラーエの「重大な誤り」を指摘して嘲った！〔参考文献GT2、二五～六頁〕ウィリアム・シーアは自問する。

しかし、こんな実験が真夜中にできるだろうか？　しかも「瞳孔のつくる屈折」については何と言うべきか？　こんな難しいことに立ち向かわないということそのものが、彼が実験を決してやらなかった充分な証拠である。

にもかかわらず、彼が言うことは正しい。アリストテレス派の経験主義、人間中心主義にたいして、彼は数学のもつ説得力に信をおく。物質の性質は言葉にすぎない。それは無知をカモフラージュするだけだ。だからこそ彼にとっては、「重さ」のような言葉が問題を投げかけるのだ。この言葉は何一つ説明しない。サルヴィアティはシンプリチオに言う。

君に尋ねているのは、その言葉ではありません。そのものの本質を聞いているのです。君には星を回転させているものの本質と同様、重さの本質もわかっていません。

逆にシンプリチオにとって「数学は抽象的にはきわめて正しいが、感覚的、物理的な分野に適用すると、うまく機能しない」ことになる。

四日目、ガリレオは潮汐の理論を展開する。彼の意見では、潮汐は地球の運動によってしか解明することはできない。

地球が不動だとしたら、当然潮の満ち引きは起こりえない。［……］これまでわれわれが認めたような運動が地球にあるとすれば、海は必然的に干満の動きにしたがうし、その運動はわれわれが観察するものすべてに調和するのである。

科学的に見てここは、本書の一番弱い部分である。干満の周期や夏至において最大とされる規模など、実験的観察も含めて、すべてが偽りである。彼は事実に反することを主張し、たとえば、地中海を東から西に向かう船旅は逆方向の旅より短いし、それはイタリア東部の卓越風が東風だからだと断言する。

だが、事実がその逆になるのは、彼が赤道無風地帯の存在を否定し、月の変化による潮の高低差を計算に入れず、毎日、月と同じ時間的間隔で遅れていく月ごとの干満の周期には言及しまいとしたからである。つまり、ベーコンやケプラーが示したように、遠く離れた月が海へ何らかの影響をもたらすということが、彼には考えられなかったのだ。宇宙空間における重力や引力の話は、「神秘学、あるいはそれと同種の空想の産物」なのだ。潮汐は機械的な現象であり、したがって幾何学の問題である。潮が満ちたり引いたりするのは。地球が自転と公転をするからである。

われわれは、ウィリアム・シーアとともにこの理論が、「流産の水子のように、科学の発展という戸棚に入れられた」ことを認めなければならない。われわれは、それをガリレオの積極主義、あるいはほとんど唯物論といっていいのかもしれない。自然現象すなわち運動は、メカニックな特徴をもつもののさまざまな物理的接触から生じる。オカルティズムやアニミズムにたいして、彼は無意識にアレルギー反応を示し、潮汐の問題にかんしてもケプラーのような知的な人間がどうしてそうしたタイプの説明にとらわれるのか理解できなかった。

この自然〔潮汐〕がもたらす効果について哲学的研究を行なった立派な人びとのなかでも、とくにケプラーが、地球の属性たる運動について充分な知識をもち、自由で聡明な天才ケプラーが、月の海への影響という観念や、さまざまな隠微な属性と同種の幼稚な瞑想に注目したり同意したりするのを見ると本当に驚いてしまいます〔参考文献GT2、二五二頁〕。

Ⅳ 裁判、有罪（一六三三年）

一六三三年の初めの数か月間に検邪聖省が審査を担当した『天文対話』の内容とは、以上のようなものであった。当然ながら、審判の対象となるのは幾何学的証明や、計算上のミスなどではない。このことは事態を丸く収めようとできるかぎり手を尽くしたフィレンツェ大使ニッコリーニも確信しており、何とかガリレオを説得して一切の弁論を放棄させようとした。ある程度の寛大な処置を求める手段は、無抵抗な服従以外ないのだ。

ガリレオは自説を弁護できるといっております。しかし、私は何もしないようにと勧告しました。事を早く終わらせ、主張することなど何も考えずに地動説にかんして命じられたことにひたすらしたがうべきだといい聞かせました。彼はひどく悩んでいます。昨日からの打ち萎れた状態を見ると、命の心配さえしています。

実際、二か月にわたる非公開の審問のあいだ、彼は人との会見も許されずに大使館に釘付けにされ、絶望に沈んでいた。一六三三年十月十三日、彼は書いている。

実に悩ましい問題で、これまでこの研究に捧げたすべての時間を惜しんでさえいます。著作の一部を世に問うたことを後悔しています。まだ手元にある記録は火にくべて抹殺したいと思っています。

ニッコリーニ大使は、例によって外交官の目で事態を見る。彼は告発がコペルニクスの体系を支持してはならないという、一六一六年のガリレオに対する命令を中心として、告発がなされていることを、首尾よく聞きつけた。ならば、この点にかんして弁論を絞ればよい。彼はガリレオが太陽中心説を、なぜそれほど重視するのかが理解できない。回っているのが太陽だろうと地球だろうと、一体どういう違いがあるのか？　ガリレオが、「人びとの望み通りのものを信じる」ふりさえすれば、ことは簡単にすむことだ。しかも教皇は、冷静になろうとしているかに見える。機会があってニッコリーニに会ったとき、教皇は「ガリレオを苦しめたことを後悔している」といった。そして、少なからず自信のある主張に立ち戻った。それは太陽中心説であれ何であれ、学者が神に数学的必然性を強制する必要はないという主張だった。ニッコリーニはのちに、ウルバヌス八世の興奮ぶりに驚いたと告白している。

聖下はますます興奮され、祝福されるべき神には、絶対に強制するべきではないと反論されました。この興奮状態を見て、自分が知らないことでこれ以上議論する気をなくしました。

一六三三年四月十二日、最初の尋問がドミニコ会士ヴィンチェンツォ・マクラーノ・ダ・フィレンツォーラ主宰のもとに開かれた。調書は、質問はラテン語で、答えはイタリア語で作成され、ヴァチカンの検邪聖省記録保管所に保存されたが、これを見ると尋問の目指す方向にかんしてはまったく疑う余地がない。すなわち、ベラルミーノが一六一六年二月二十六日の禁止令に抵触したことを認めさせるのが、尋問の目的であった。ベラルミーノによって下されたこの命令によって、彼はコペルニクス説をどんな形においても支持してはならないことになっていた。この命令については、決定的な証拠がもう残っていない。ベラルミーノは亡くなっており、会見の報告書たる例の資料は、先述の通り署名を欠いて不備な点があった。したがって、被告は改めて自分の過ちを認めなくてはならない。

そこで一六年以上前、すなわち一六一六年二月二十六日にベラルミーノから言われたことを正確に思い出すことを求められ、彼は答えた。

ベラルミーノ枢機卿は「コペルニクス説はその絶対的な意味から考えて聖書に違反するものであり、単なる命題としても、計算上の仮定としても支持も擁護もされない」といわれました。

その証拠としてガリレオは、同年五月二十六日、ローマを去る直前にベラルミーノから受け取った証明書を提示した。

ガリレオの弁論は一貫していた。ベラルミーノは彼に太陽中心説を純粋な仮定として提示することを許したし、だから「私は『天文対話』において太陽中心説にたいする反対と賛成の両方の議論を紹介し、それが絶対的真理だと断言はしなかった」と彼は述べ、「印刷許可が得られた」ことをその証拠として挙げた。なるほど、しかしそれは不正な方法によってだ。なぜならば聖省の責任者（リッカルディ）にたいして、被告は一六一六年の禁忌を話さなかったではないか。ガリレオは答えた。

私がこの点にかんして彼に話さなかったのは、本書のなかで私は地動説や太陽不動説を支持も弁護もしなかったからです。それだけではありません、私はこの本において、その説とは反対のことを証明し、コペルニクスによって唱えられた理屈は根拠もないし決定的に正しくもないことを示しました。

この明確な反証はかえって審判官たちを激昂させるばかりだった。ガリレオは検邪聖省の共同寝所に入れられ、四月三十日の第二回の尋問を待つこととなった。だが実に異例なことに、この間、審問委員長マクラーノが彼と会見し、「あのような否定的な態度では、より厳しい処置をとらざるをえなくなる」と言って、誤りを認めるよう説得した〔マクラーノはフィレンツェ出身で、教皇によりとくにこの任務をあたえられたが、ガリレオに同情的であった。参考文献AS、一五七頁〕。こうした拷問をほのめかして脅迫するやり方は、検邪聖省の裁判においては完全に合法的なものとして認められていた〔マクラーノは、数日前、カンポ・ディ・フィオーリ広場で三人の異端者が焚刑に処せられたことを彼に告げて脅した。参考文献DG、一八三頁〕。きわめて逆説的に思われるが、こうした働きかけを通して、ローマ教会はガリレオにたいして寛大に振る舞う道を確保しようとしていたのである。彼らはガリレオという学者を、新科学の殉教者にしたいと思うほど盲目ではなかった。ガリレオを焼き殺すのは、罪よりも始末におえぬ誤謬となろう。最善の道は彼に非を認めさせ、悪うございましたとみずから言わせることだ。それによって彼は沈黙するだろうし、同時に太陽中心説を葬り去ることもできる。そうなるように、彼に協力させなければならない……〔マクラーノによる説得は、教皇ウルバヌスとの合意のうえでのことであった。参考文献SA、二四九頁〕。

大方の人が安堵したことに、彼はその案を呑んだ。四月三十日の公判のさい、彼は度肝をぬくような告白を行なった。

今月の十二日以来、私は本を読み返してきました。何を書いたか、もう覚えていなかったからです。確かにあなた方がおっしゃるように、私は太陽中心説を支持しているようです（！）。〔……〕読んでみるとそれは、まるで別人が書いた本のように思われます。包み隠さずに申し上げますと、私の意図をあらかじめ知らされていない読者なら、いろいろな箇所で、私が否定しようとした主張が充分かつ的確に否定されてはいないと考えるかもしれません。〔……〕そういう意味で、私は間違ったことを認めます。

「よろしい、では本書の続きを書きます。第五日目を加え、そこでコペルニクスの誤謬をはっきりと証明します……」と彼はつけ加えていったとされる〔この証言の追加については、参考文献AS、一六三頁〕。

この瞬間から、事は順調に運ぶようになる。五月十日、ガリレオは前述のベラルミーノの証明書のみを根拠に無罪を主張した理由を説明し、一六一六年二月二十六日にくだされた厳重な禁止事項を忘れていたと述べた。彼自身の率直な気持ちから出た言葉だ。これで彼は軽率な学者ということがはっきりした。この告白によって、二月二十六日の会見を伝える資料がいかがわしいものではなく本物だということになり、法廷はそれ相応に行動することとなった。

あとは最後の尋問、すなわち内容にかんする尋問に入るだけだ。結末があらかじめ決まっていたことは、六月十六日付の教皇機密資料が証明するとおりだ。

聖なる父［教皇］は、前記ガリレオが拷問の威嚇のもとに、その真意にかんして尋問されるべきことを布告した。たとえ、検邪聖省総会において彼が事前の改宗を守ったとしても、彼は投獄されなければならない。その刑期は当総会の裁量に委ねられるであろう。

六月二十一日、総会が催された。それは当然、拷問による尋問も含まれる「厳格な審査」である。法律家ウリオ・ジャッキが指摘したように、ガリレオ裁判に異常な点があるとすれば、それは彼が拷問によって威嚇されたという事実にあるのではなく、彼がそれに服さなかったという点にある（この意見はスティルマン・ドレイク［一九一〇〜九三年。カナダ人の科学史家。ガリレオ研究家。ガリレオにかんする一三〇点以上の著作がある］も採用している）。六月二十一日の審理（いわゆる口頭尋問）のさい、ガリレオは「真理を自由に語ることを求められ」た。真理とは、すなわち「人びとが彼に言って欲しい真理」である。そして「もしその真実を包み隠さず言おうと決心しないのなら、適切な法的措置を適用せざるをえない」というわけだ。だが、エミール・ナメールが述べたように、検邪聖省には、こうした措置の援用を避けたい理由があった。病気のうえに七十歳に手が届く老人を拷問すれば、相手は死んでしまうかもしれない。それは確かにまずかったろう。というのも、聖省の手に落ちた被告が死んだ場合、裁判は無効になってしまうからだ。教会が「血を見るのを嫌う」ことは、よく知られていることである。幸い被疑者は従順だった。ガリレオは「私は命令に従うためにここに参りました」と言ったのだ。

翌日、すなわち一六三三年六月二十二日、サンタ・マリア・ソプラ・ミネルヴァ修道院の広間において検邪聖省総会出席者全員の前で、判決文の厳粛な朗読ならびに改宗の儀が執り行なわれた。まず一〇人の判事が長々と事件の経緯を要約した。それは事実上、新科学の哲学を断罪する内容であり、「地球が毎日回転しているというのは、明らかに聖書に反するがゆえに哲学的には誤りであるばかりでなく、異端の命題」だと断じていた。ガリレオはこうした「退廃的な異端」の思想を教え、それを正当化するために聖書を勝手に解釈し、禁止事項を考慮しなかったことを咎められた。さらに彼は「対話」を隠れ蓑にして「偽りの命題にたいしてさえ巧みな議論を発明し」、「あの手この手で『問題は蓋然的ではあるが、なお未解決だ』などと仄めかした。聖書に反する意見がいったん表明されてしまえば、それが蓋然的だとはどうしても考えられなくなるであろうがゆえに、この過ちは重大である」とされた。そして以下の罰が降る。

一『天文対話』の発禁処分。
二 蟄居。その形式と刑期は検邪聖省の判断に委ねられる。
三 二度と太陽中心説を支持することを禁止する。
四 毎週、全七編の改悛詩編の朗唱。
そして当然ながら第五番目に、その場において跪拝による「上記のすべての過ちと異端の所業からの改宗」を厳粛に誓うことを命じられた。
ガリレオはこの改宗の辞の中心的部分において、次の文を読まなければならなかった。

私はきわめて異端の可能性ありという、審判を受けました。すなわち、私は太陽が不動にして世界の中心であり、地球は世界の中心ではないという説を支持し、それを信じたのであります。したがいまして、尊き枢機卿の方々ならびにあらゆる誠実なるキリスト教徒の方々の精神から、この忌まわしき嫌疑を取り除くために、誠実なる心と偽りなき信念とにもとづき、教会に逆らう上記の過ち、ならびに異端的宗派的所業を呪い、憎み、捨て去ることを誓うことといたします。また、将来嫌疑を招くような、いかなることも決して語ったり、書いたりしないことを断言いたします。もし、私が何らかの異端的思想と、あるいはそれとおぼしき思想を知った場合は、検邪聖省か、あるいは私が所在する地の異端審問所に通知いたします。

有名な「それでも地球は回っている」という台詞の逸話は、このような状況においてとうていありえない作り話である。それより奇妙なのは、一九九五年にJ・L・ラッセルが、そして一九九八年にM・P・レルネールが指摘した、判決文とガリレオの改宗の誓文における異常な点である。この原文は失われてしまって、通常用いられるのは一九〇七年にA・ファヴァーロが発行した『ガリレオと異端審問』からのテクストである。そこには、異端とされた二つの命題を含む判決理由と、命題を二つしか含まない（うち一つは「太陽を地球の中心とする」という文言があるので無意味）改宗の辞とのあいだに存在する齟齬である。おそらくこれは、二つの筆記者のグループが存在したことから来る誤謬であろう。テッラ「地球」という間違った言葉を使っているのが七か所、モンド「世界」と正しく使っているのは三か所である。すでに十七世紀メルセンヌがこの誤りをただしたが、テクストの批評版にたいするレルネール神父の要求を、われわれは支持せざるをえない。

いずれにせよ、裁判によって取り返しのつかない事実が確定してしまった。ガリレオが死刑にされなかったからといって、この事実が大変な過ちと不公正であることに何ら変わりはない。この判決は、不幸な複数の状況が重なって生まれた可能性が高い。確かにその通りだが、その全責任は、教会ならびに宗教が政治から文化にいたるまで、あるいは道徳から科学にいたるまで一切を、二〇〇〇年以上も経たヘブライ語教典の恣意的解釈に応じて支配しようとした愚かな意図に帰せられる。誰も死ななかったがゆえに、判決は忌まわしいというよりはむしろ愚劣なものであった。なぜなら、それは地球の自転も、科学の歩みも妨げることはなかったからだ。

このドラマにおいては、主要人物のなかでとくに悪役を演じたのは、暗愚というに近いウルバヌス八世と修道会である。彼らは、個人的理性の権利と服従の義務との狭間にどっぷり浸かり込んで動きがとれなくなっていた。イエズス会は、知性の集団化の悪例として見るも痛ましい様相を呈した。内心ではコペルニクス説を信じ、個人的にはすばらしい仕事をなしえる頭脳明晰な数千人の会士たちが、ナンセンスでグロテスクな集団と化してしまった。

ガリレオは、自分がイエズス会の憎悪の犠牲となったと思いこんでいた。そのことを彼は、一六二五年七月二十五日、ディオダーティ[1]宛の書信で語っている。彼によれば、自分が有罪とされたのは理論のせいではない。「私がイエズス会士の不興を買ってしまった」からだ。おそらくこれは言い過ぎであろう。会の育んでいた文化的統一の大構想にとって、厄介だったのはコペルニクスである。原子論についていうならば、それは事件とはまったく無関係であったと思われる。一六三二年八月一日、ちょうど『天文対話』に攻撃が開始されはじめたとき、イエズス会は原子論を教えることを厳禁とした。会のこの禁令はアリストテレス哲学尊重の論理に収まっているが、そこにガリレオ事件との結びつきを証明するものは何もない。

(1) エリア、一五七六〜一六六一年。ジェノヴァ生まれ。フランス法曹界で活躍した法律家。一六二〇年頃、ガリレオと出会い、親友として、またその思想の普及者として彼の死後も尽力する。ディオダーティは『天文対話』を最初にフランスで入手し、オランダ人ベルネッガーにラテン語訳を発行させた人として、またガリレオがグロティウス宛の手紙で「私の最良の友人」と呼んだ人として記憶されるべき人物である〔訳註〕。

第五章　隠棲（一六三三〜一六四二年）

一六三三年の判決は、厳格に実行された。学術的な面では判決はあらゆる大学の中枢部に送付され、太陽中心説は今後一切教えられてはならないこと、『天文対話』が禁書目録に入ったことが伝えられた。それでも当然ながら、同書のコピーや翻訳が、ヨーロッパ中に流れるのを防ぐことはできなかった。オランダでは一六三五年、マティアス・ベルネッガーがラテン語版を発表し、メルセンヌは一六三四年、『機械学』をフランス語に翻訳した。

I　アルチェトリの虜囚

一方、個人的生活の面ではガリレオは間近から厳しく監視され、こうるさい規制を受けた。六月までメディチ家の別荘に足止めされた彼は、ついで七月から十二月にかけてシエナに移された。シエナでは、司教アスカニオ・ピッコロミーニが彼を励まし、頻繁に訪問を重ねるなかで彼にある程度信用を置くようになったが、それが敵の不興を買った。お節介な匿名の告発状が検邪聖省に送られ、「ガリレオはこの町で非カトリック的な意見を広めており、客人となって彼を励ました司教は、ガリレオは不当な判決を受けたかのように多くの人びとに仄めかしている」と伝えた。
そういうわけで十二月一日から、ガリレオはアルチェトリの別荘における完全な蟄居を命じられた。

本人にたいして別荘に居住することを許可する。ただし同居人をおくことも、客を招くことも、訪問客と会話をすることも一切禁止される。この命令は、教皇聖下の望む限り守られなければならない。

つまり、一挙一動を監視されて暮らすわけである。友人でベネディクト派修道士カステッリが重病に陥った彼を訪れたとき、彼はスパイを同行させなければならなかった。

したがって、聖下のご希望によって、そうした会見に最後まで立ち会うにふさわしいと神父が判断した者を貴殿［カステッリ］は同僚として同行させ、当該神父本人が同席できなくなったとき、その者を代理として立ち会えるよう計らわなければならない。

同時にガリレオにたいしては、寛大な処置にあずかる以上、おとなしくしていなければならないことが求められた。さもなければ、「私は再度ローマに出頭を命じられ、検邪聖省の「本物の牢獄」に繋がれてしまいます」と、彼は（一六三四年七月二十五日に）書き送っている。

さらに家庭生活の面では、彼はほとんど慰藉を期待することができなかった。ガリレオの家では、感情的な吐露というものが行なわれなかったからである。息子ヴィンチェンツィオにしても、彼自身が修道女とした末娘アルカンジェラにしても自分を率直に表わすことはなかった。わずかに長女でやはり修道女のマリア＝チェレステ(1)が親愛の情を示してくれたが、彼女は一六三四年四月、三十三歳で亡くなってしまう。そしてついに、病弱だった彼の健康が著しく衰える。ヘルニア、関節炎、心臓病……に冒され、やつれて「自分自身でもひどいと思う」と、ボッキネリに書き送る。そしてその言葉を、フィレンツェの異端審問官の報告が裏づけている。

（1）本名はヴィルジニア・ガリレイ（一六〇〇〜三四年）。アルチェトリの修道院から晩年の父を慰める手紙を送りつづけた。苛酷な修道院生活で身体をこわした彼女は、一六三三年暮「お父様の帰る日まで私は生きられないと思います。その日まで生きられるよう神様にお願いするばかりです」と書き送った。願いはかない、父と娘は再会した。参考文献DG、一九六頁〔訳註〕。

ご安心ください。彼はもはや生ける屍という状態です。

さらに一六三七年、彼は盲目となる。七月四日、彼はディオダーティに書いた。

この五週間、私は寝たきりで過ごしています。理由はいくつかあります。まず下剤を飲んで、大量に排泄したためすっかりだるくなったからです。それに七十四歳という年齢のせいもあります。快癒して元気を取り戻すことがなかなかできません。また急にやってきた激しい暑気のせいもあります。これには屈強な若者たちでさえ参っています。くわえて右目が、完全に視力を失いました。あえていえば名誉ある疲労を、あまりに押しつけたためです。今やこれは完全に失明しております。もう一つのほうは、以前からずっと不完全で、使おうとしてもなかなか思うように役立ってくれません。

十二月、この眼も完全に視力を失った。望遠鏡で懸命に探ってきたあの宇宙を見ることができなくなる。これはガリレオにとって恐ろしい試練であり、一六三八年一月二日付の、ディオダーティにそれを訴える手紙は痛ましい。

だが彼は、こうしたすべての試練に屈することなく働きつづける。一六三九年以後、当局は彼に若い協力者ヴィンチェンツィオ・ヴィヴィアーニを迎えることを許可する。自分にたいする限りない賞賛、そして積極性や知的好奇心をもつこの若者の存在は、ガリレオにとって望外の刺激となった。最初のガリレオ伝（どちらかといえば学者ガリレオの聖人伝に近い）を書くこととなるヴィヴィアーニは、その反論や率直な指摘によって、正確に考えるうえでの助けとなった。おかげでガリレオは自信過剰の気質から犯す根本的なミスを修正することができた。彼は疑問が真理への第一歩であることを学んだ。それまでの彼は自分自身の能力と証明に頼りすぎて、結局多くの誤りを犯してきた。彼はようやく方法論的疑問の価値を認めたのである。一六三九年十二月三日、彼はカステッリに宛てて書く。

哲学においては疑いが発見の父であることは明らかです。疑問は真理の発見への道を切り拓いてくれます。数か月前、この理論にかんして、あのときの青年（いまはもう私の客であり弟子でもありますが）によって数々の反論がなされました。加速運動概論で私が展開したこの理論を、若者は大変熱心に勉強しているところでした。あえていえば、これらの反論が問題をおおいに深化させました。私は理論の受容可能性と真実性について納得させたいと思いました。そして二人にとって大変喜ばしいことに、今後決定的なものとして教えられるような証明を発見するにいたりました。

隠遁生活を送るガリレオは、カステッリ、ディオダーティ、ミカンツィオらの旧友が送ってくる手紙によって精神的に支えられた。彼らとは科学的内容の手紙を交わしあった。一六四一年、彼は青年エヴァンジェリスタ・トリチェリの訪問を受けた。

とはいえガリレオの最晩年は、若く美しく繊細なすばらしい女性の存在によって輝く。すなわち妹の義理の娘アレッサンドラ・ボッケリーニである。二度の離婚を経験し、フィレンツェ人ジャン・フランチェスコ・ブォナミーチと三度目の結婚をした女性である。ついにガリレオの人生において愛の感情（といってみたい人もいよう）が生まれた。強烈な恋愛感情（というのはたぶん場違いであろう）に陥ることは望まないとしても、乾ききった心をもつ七十五歳の理屈っぽい老数学者と、三十五歳の優しい女友達を結びつけ、たがいに優しさを抱きあう関係に、何かしら感動的ものや、ある意味で救いの感じが漂うのをわれわれは認めなければならない。とくに二人の関係は、書簡を通してつづいたのであり、そのやりとりは真の心の一体化を物語っている。一六四一年三月二十七日、アレッサンドラはガリレオに書いた。

死ぬ前にあなたにお会いして、ご一緒に一日を過ごし、しかもそんな計画の実行を妨げる人びとに嫉妬やスキャンダルの種を与えずにすむ方法はないものでしょうか。私は心密かに考えております。

四月六日、彼はこの問いに答える。

一般女性との月並みな会話がとうてい及ばないようなお話をあなたと交わせるのは、実に幸せなことです。この幸せを表わすのに充分な言葉を、私は見出すことができません。それは最も優れた、最も多くの経験を積んだ男性にたいしても期待できないくらい豊かですばらしい会話です。

「だが悲しいことに私は病んで、とにかく家から離れることができません」と彼はつづけた。彼の最後の手紙は彼女宛のもので、「すべての愛情と心を込めて、あなたの御手に接吻します」と結ばれていた。一六四一年十二月二十日付けの手紙に書かれたこの言葉は、事実上彼の最後の言葉となった。一六四二年一月八日、ガリレオは七十八歳で亡くなった。

II　不動の心

さまざまな悩みや問題をかかえながら、ガリレオは蟄居生活のあいだずっと仕事をつづけた。一六三三年の判決を守って、天文学的問題は捨てなければならなかったが、当然コペルニクス体系の真実を彼は確信していた。それを肯定的に表明することはできないので、彼は否定的に示した。つまりあらゆる他の宇宙論は、コペルニクス説以上に誤っている……というわけだ。

コペルニクス説が偽りであることは、絶対に疑われてはならない。とくにわれわれカトリック教徒は疑ってはならない。そして、私がコペルニクスの観察や推理を不完全だと評価するのと同じように、プトレマイオスやアリストテレス、あるいはその弟子たちの観察や推理のほうはさらに偽りと誤謬に満ちていると考える。なぜならば、人間の理性の限界を超えなくても、われわれは容易にそれらが無意味であることを理解できるからだ。

一六四一年三月二十九日、すなわち亡くなる九か月前、彼は上記のような手紙をフランチェスコ・リヌッチーニに宛てて書いた。

一六三三年以降、ガリレオは実質的には力学の問題を研究した。メルセンヌ、ペイレスクをはじめとする人びとと交わした、多少とも非合法の書簡を通じて、彼はヨーロッパ全体に自分の思想を広めることに成功した。裁判は彼の名声をおおいに高め、プロテスタント世界において彼は教皇の独裁主義に殉じた英雄であり、犠牲者として通った。

ジョン・ミルトンはわざわざ彼を訪れ、その模様を『言論・出版の自由、アレオパジティカ』において語る。

この種の異端審問が猛威をふるっている他の国々で見聞したものを、私は語ることができるでしょう。［……］輝かしいイタリアの精神を曇らせているのは、そういうことなのです。そこでは何年ものあいだずっと、おべっかと法螺《ほら》以外何一つ書かれませんでした。そういう地で、私は年老いて囚われの身となった有名な老ガリレオと会いました。フランチェスコ派とドミニコ派の検閲官とは違った天文学の考えを採ったがゆえに、彼は異端審問所に捕らわれたのであります。

トーマス・ホッブスもまた、科学と哲学の権威としてガリレオから範を採っている。

老いてガリレオは他人と意見を闘わせ、説得しようとする気骨をいささかも失ってはいなかった。一六三七年まで、彼は経度の計算法を完成させようと研究をつづけた。また『天文学計算論』を書き上げ、カヴァリエリとサイクロイド〔円が直線上を回転しながら移動するときの、円周上の一点の軌跡〕の問題について議論し、G・バリアーニ〔ジョヴァンニ・バチスタ、一五八二〜一六六六年。イタリアの物理学者。ガリレオと文通〕のために加速された等速運動の理論を再度証明した。さらにアリストテレス派で、医学と哲学の教授フォルトゥニオ・リチェッティと、光にかんして議論を交わした。この一件はあらためて彼の気質と方法を象徴していた。リチェッティはパデルノ山で発見された燐光の石について『発光する石とボローニャの石』と題する著作を発表し、その一冊をガリレオに送り、丁重に意見を求めた。この懇願は、同じ方向で手紙を書いたレオポルド・ディ・メディチ公も支持していた。

一六四〇年三月、ガリレオはヴィヴィアーニに返事を口述し、その内容はリチェッティやレオポルドに伝わる前に、友人たちのあいだに知られてしまった。その返事がほとんど侮蔑に近かっただけに、このやり方は不作法であった。狷介な老人となった彼は、恐れる必要のない人間にたいしては、何事も許されると信じたのだ。彼は月の青白い光は、地球からの太陽光線の反射のせいだと説明し、その現象に燐石と同じ性質を見ていたリチェッティにたいしてとげとげしい軽蔑を表わした。月の大気が太陽光線をとらえ、一定時間を経て発散するというわけだ。この師の態度に当然リチェッティは腹を立て、きわめて恭しく返書を公表してもよろしいかと許可を求めた。すると、驚いたことにガリレオは喜び、歓迎さえした。おそらく示された恭順の態度に、学者としての虚栄心と老人としての自己中心主義が魅せられたのであろう。あるいは、失礼な手紙によって自分のイメージが悪くなることを心配したのかもしれない。いずれにせよ、八月二十五日の手紙で、彼はリチェッティに「慎重かつ繊細に貴君が意見を表明されたことは、すばらしいことだと思います。……そこに快い数々の言葉が添えられておりました」と、感謝の意を表明した。「もし私の返書を公表しようとおっしゃるのでしたら、言葉を変えて、穏やかなものにしましょう。われわれは『刺激的な表現』は控えなければなりません」とつづけた。

リチェッティとレオポルドとの交信のなかには、観察のデータと感覚的証言を数学的理性によって修正しようとする、いくつかの緻密なガリレオ的方法論が見出される。またアリストテレスにたいする立場を明確にさせ、彼を自然哲学者として尊敬していると断言した。すなわち自分は「アリストテレスという偉人の崇拝者であり」、彼から、偉大な先駆者の権威よりも、むしろ経験の語るところに従うべきことを教わったと述べた。ガリレオにいわせれば、非難されるべきはアリストテレスではなく、アリストテレス派の人びとなのだ。

彼らはこの哲学者の文章を論評し、切り刻み、まちがいなく彼の思想とは遠く離れたこと、すなわち自分たちの言いたい馬鹿馬鹿しいことを語らせるように変えてしまった。

したがって、もしアリストテレスがこんにち生きていたら、そして彼の時代以降発見されたものをすべて目にしたら、「彼はまちがいなく意見を変え、かつてとは反対のことをいうだろう。私は現在のアリストテレス派よりずっとアリストテレスの精神に忠実である。もし彼がこの世に戻ってきたら、ほとんどの点で私が彼と対立せず、しても充分な理由があるからということを考えて、私を弟子の一人に迎えてくれるだろう」。

もう一人ガリレオが丁重にあつかう弟子がいた。それはボナヴェントゥーラ・カヴァリエリである。この人は純粋数学、とくに不可分量の問題に関心をよせていた。ガリレオは彼をボローニャ大学の数学の講座に就任させてやったことがあった。だが、彼からの執拗な手紙を、ガリレオは無視していた。少なくとも一六二六年以来、カヴァリエリはガリレオに、研究成果を公表するように勧めていた。というのも彼自身が研究を、師の思想の受け売りだと非難されずに発表したかったからである。たとえば、一六二六年三月二十一日、カヴァリエリは「不可分量にかんするご研究に関して申し上げるならば、先生にはもう一度これを採り上げていただき、小生自身の研究を発行できるようにしていただければ嬉しいのです。そのような意味合いで私は研究を、全力で成就するつもりであります」と、書き送っている。だが返事はない。カヴァリエリは思いきって、『不可分量による連続体の新幾何学』を一六三五年に発表した。ガリレオがこの点についていい加減だったのは、純粋数学にあまり興味がもてなかったからだ。彼にとって数学はそれ自体が目的ではなく、自然の機能を研究する手段だった。そのことは一六三八年の『新科学対話』において明らかにされており、彼はそこでとくに不可分量について触れ、この問題は数学では無限の問題として研究されるだろうが、物理学でいわゆる不可分体すなわち「約数」に達する以上、限定されなければならないと述べている。最晩年のガリレオはこうした無限、不可分性、原子論、真空といった問題に熱中するが、こうした問題にたいして優れた直感をもちながら、正しく扱うにはいたらなかった。原子論について晩年の彼が比較的慎重だったのは、レドンディが言うように一六三三年に何らかの禁止の密約があったせいだとするべきであろうか？　どう考えてもこれは疑わしい。なぜならば原子論説は少なくとも最後の大作『新科学対話』において考えられているからである。

Ⅲ 『新科学対話』とガリレオの科学(一六三八年)

『新科学対話』すなわち一種の科学的遺言とも考えられた書物を、ガリレオは一六三三年からシエナで書きはじめた。

私はある本を書くことを思いついた。それは彼ら[対立派]の著作の余白に、私が重大な過ちや根本的な点にかんして書き付けた注記を集めた書物である。[……]しかしまず私は、運動やその他の研究にかんする本を発表したいと思う。それらは完全に新しい研究で、私が今まで著わしてきたどの著作よりも立派なものとしたい。[……]私はこの世を去る前にやり残した仕事が世に出るのを見たいのだ。

「完全に新しい研究」というが、実際には採録と整理で、その執筆は一六三四年始めには事実上終わっていた。一六三三年の事件以来、著作の発行には問題がともなった。検邪聖省が目を光らせているからだ。『天文対話』の紛糾印刷問題が勉強になった。とくにリッカルディは職務怠慢で罰せられたので、今度はいささかの好意も期待はできない。一六三六年の暮れ、ガリレオは手稿を教皇付きフランス大使フランソワ・ノアィユに託した。ノアィユはこれを、あたかも自発的な意志にもとづくかのように、プロテスタントの地ライデンで印刷させた。ローマの検閲は避けられた。当時のヨーロッパは、混乱の極みにある。教皇の命令で捕らわれたカトリックの学者が書いた本が、同じカトリックの強国の大使によってプロテスタントの国で発行されるのは、驚くほどの現象ではない。なぜなら、フランスはプロテスタントのネーデルラント連邦共和国と結んで、もう一つのカトリック大国スペインと交戦中だからだ。結局、『新科学対話』は、一六三八年、三〇年戦争のさなかに著わされた。近代ヨーロッパが体験した最も恐るべき戦争のまっただ中にありながら、学界は何事もないかのように物体の落下や固体の重心の法則についで議論をつづけた。当時の科学者たちのなかでもとくにイタリアから一歩も出ないガリレオは、政治的抗争には見事に無関心を示しつづけたのである。

『新科学対話』の正式なタイトルは『機械学及び地上運動にかんする二つの新しい科学についての対話及数学的証明』（なお、邦訳タイトルは『機械學及地上運動に關する二つの新しい科學に就ての對話及數學的證明』）である。それは四日間にわたり、『天文対話』のときと同じ話し手のあいだで交わされる対話形式を採るが、今度の場合は、とくに力学と抵抗の問題という純粋科学をテーマとして話が展開する。本書にはガリレオの死後、加筆が行なわれた。一六七四年、ヴィヴィアーニがガリレオの入門書から集めた断片で五日目を加え、一七一八年にはその他のテクストで六日目ができた。さらにファヴァーロは一九〇七年、みずから編纂した国定版ガリレオ全集に新たなテクストを付け加えた。

『新科学対話』は、『天文対話』ほど華々しい作品ではない。論じられた問題はより専門的であり、一般大衆の興味をそれほど強くひくものではなかった。とはいえ、当局が不穏当な特徴を認めはしなかったものの、この書物は強力な反アリストテレス主義的な力をもっていた。アリストテレス的力学は、固体の抵抗から梃子の問題にまで研究を進めたアルキメデス的物理学によって粉砕された。第一日目には真空における運動についても衝撃的な文章が出てくる。ガリレオは「物体は、通過する環境からの抵抗を完全にのぞけば、すべて同じ速度で落下する」と断言する。デモクリトスの仮説も真剣に論じられる、三日目と四日目は力学、加速度の法則、砲弾の放物線が対応する。最大の射程距離を得るには、砲身に四五度の傾斜をあたえなければならない。すべての砲手はそれを知っているが、「他人の証言や何千回もの実験によって得られた情報に執着するよりも、それがどうしてそうなるのかを理解するほうが大切」なのだ。

『新科学対話』は、あらためて感覚的経験と数学型推理にかんするガリレオ的方法論の立場を説明する。もちろん彼にとっては、この推理のほうがずっと優れているので、両者のあいだに偶然的乖離など心配するには及ばない。だからこそ、なんら実験的手段もなく、必ずしも具体的な証拠も発見されないのに、真っ向から対立する感覚的証言に耳を貸すことなくひたすら数学にもとづいた理論を敢然と広めたコペルニクスに、ガリレオはあれほどの賞賛を捧げたのである。

力学におけるガリレオの寄与は、科学的法則を認識するうえで彼がなした最大の貢献となろう。落下の法則、振り子の等時性、運動の構成、体系内おける運動の相対性等々を考えれば、こうした発見が時代の風潮にかなったものであり、ジョヴァンニ・バチスタ・ベネデッティをはじめとする学者たちによって部分的に先取りされていたことを忘れてはならないとしても、彼はまさに近代力学の創立者であった。とはいえ、アレクサンドル・コイレが示したように、彼は重力を「物体に働きかける何か」としてではなく、それに内在する何かとしてみていたゆえに、その限界を超えて慣性の理論を確立できることができなかった。

他の物理学における彼の寄与はより限定的であり、しばしば誤っている。流体力学についてたいしたことは書かれていないし、彼の先入観から潮汐論と彗星論には誤りがある。温度計はほとんど使い物にならない。望遠鏡は借り物の部分が大きい。経度の計算法は、いきづまってしまった。天文学においては、コペルニクスに忠誠を守ったのはすばらしい。しかしケプラーのほうがより正しかった。

ガリレオは科学的知識よりも、科学的方法論をより大きく進歩させた。科学的発見の分野におけるよりも科学史と科学哲学で彼は明らかに輝かしい地位を占めている。ガリレオの法則とかガリレオの理論といったものは存在しない。しかしガリレオ革命は存在する。この革命は自然に注がれる新たな視線であり、自然は数学という言語で記されるようになった。これこそが彼が近代科学の父とされるゆえんである。

ガリレオをプラトン派とか実験派というカテゴリーに分類するのもむなしいことだ。実際、彼の積極的精神は、プラトンよりはアリストテレスのそれに近い。彼の世界はプラトンの洞窟の闇とは無縁である。彼の世界は唯一の真実の世界、強固な具体的な世界である。それは神聖で理想的な世界などではなく、数学の法則によって動かされる世界である。ただこの世界を知るにはわずかな感覚や、感覚的実験に頼ってばかりはいられない。最良の実験は、想像上の実験である。なぜならば、その結果は決してわれわれを幻滅させることはないし、理論に適合しているからである。一九六〇年代になってT・B・セットル〔トーマス・ブレイク、アメリカの科学史家、ガリレオ研究家〕は、十七世紀の器械を使ってガリレオが行なったといっている実験が、実際に実行可能であることを証明したと信じた。一九七〇年代になり、ウィリアム・シーアは、その逆を証明した。しかし、究極的にはそれはたいした相違はない。重要なのはガリレオが、理論を適用して実験をやろうと考えたことなのだ。

ガリレオの仕事もまた、ある意味で近代的であった。過去の観念は新たな発見によって純化し、より正確にし、あるいはそれを破壊することができる以上、彼は科学が無限に進歩するという思想を唱えた、ほとんど最初の人であった。真理とは進化の過程であり、つねに一時的なものだ。そしてそれこそが、教会が本質的に理解しない点であった。逆に教会は、神によって啓示されているがゆえに絶対的な真理は存在するといいつづけた。そこでガリレオは、宗教的ならびに政治的権威にたいしては、科学的研究上必要な自主性を要求するにいたった。

しかし、真理が一時的で完成の途上にあるからといって、超科学的な理由の援用を認めることではない。アリストテレス・プトレマイオス的体系以上にティコ・ブラーエの宇宙観をガリレオが排撃したのも、そうした例にあてはまるからであった。外見をとりつくろう目的しかもたない、このできあいの思想は、彼には我慢がならなかった。『偽金鑑定官』において、彼は書いている。

現実において、真理と偽物とのあいだに中間というものが存在しないように、明快な証明においても人は肯定的に進むか、がむしゃらに愚論におちいるかの二つに一つです。後の場合には、もう意味の限定、区別、回避、その他さまざまな軽業的変更によっても議論を立て直すことは不可能なのです。やはり簡潔な言葉には、力があります。われわれは最初の一撃でカエサルとなるべきであり、他の何者であってもいけません〔参考文献GN、二一四頁〕。

Ⅳ　ガリレオ事件とその展開（十七世紀から二十一世紀）

一六四一年十一月から高熱に襲われたガリレオは、トリチェリとヴィヴィアーニに看病されたが、翌四二年一月八日朝、不帰の人となった。遺体は家族の墓があるフィレンツェのサンタ・クローチェ教会に運ばれた。ガリレオを尊敬していた大公フェルディナンド二世は、ピサとフィレンツェの栄誉を高めたこの人物をまつるため、立派な廟を建設したいと願った。しかしローマ教会が目を光らせる。彼の死後の名誉を高めることは、教会にとっては屈辱である。というわけで、この学者の記憶に対抗するための訴追は以後延々と行なわれ、状況が宗教から離れるにつれて、教会の陰険な手法も当然とされていった。大公には慎重で効果的な圧力が加えられ、結局、廟の建設は諦めることとなった。教皇の甥フランチェスコ・バルベリーニ枢機卿は、フィレンツェの異端審問官ジョヴァンニ・ムッツァレッリに宛てて一六四二年一月二十五日、次のように書き送った。

聖下は、検邪聖省法廷において有罪とされ、罪を償うまえに死んだ人物の遺体のために廟を建設することには不同意であるということを大公に伝えるため、貴殿が手慣れた手法を駆使されるよう決定されました。実際そのようなことは、善良なる人びとを辱め、聖下の慈悲心のご名誉にもかかわることとなりましょう。

さらに異端審問官には、碑文や弔文を検閲することも求められた。「当法廷［検邪聖省］の名声をそこなうようないかなる言辞も入ってはならない」のである。ようやく一世紀後の一七三四年、啓蒙主義を奉じるジャン・ガストン大公（一七二三～三七年）は、ガリレオ廟の建立許可を得たが、碑文は検邪聖省によって入念な検閲を受けた。

ガリレオの遺体よりも厄介なのは、彼の思想と一六三三年に下された判決である。実に三世紀半にわたってローマ教会はガリレオの亡霊につきまとわれ、記念碑的な誤謬のうっとうしい記憶から解放されることはなかった。教会は時代の流れに応じようと、躍起になってまず判決を正当化し、ついでもみ消し、ついで矮小化し、ついで弁解し、ついに最近では微妙に遺憾の意を表わした。ガリレオなきあとのガリレオ史だけで、一書に価するものが書けるであろう。

一六三三年の宣告は、まずカトリックの科学者のあいだにかなりの混乱をもたらした。なかにはこれを声高に賞賛する人びともいた。たとえばこの年の九月、ドゥエの寄宿学校長はブリュッセルの教皇大使宛に「わが校の教師たちはコペルニクスやガリレオの馬鹿馬鹿しい説を教えるどころか、つねに学校から追放し、葬り去らなければならないと考えております」と書いた。デカルトは太陽中心説を認めた『世界論』をひきだしにしまっておくほうが賢明だと考えた。ガッサンディは、判決を尊重はしたものの、「地球不動説を数人の枢機卿が承認したという。その決定は遵守するが、しかしそれが信仰条項となるのは面白くない」と但し書きをつけた。そして一六四七年、彼はガリレオの聖書解釈原理を、公然と採用し、「聖書の意図は物理学者や数学者をつくることにあるのではなく、人びとを敬虔で信心深くすることにある」と語った。メルセンヌは悲嘆にくれ、イスマエル・ブリョーは判決にたいして腹を立てた。一六四四年、彼は地動説の禁止はイタリアにおいてしか通用しないと書いて、ローマ当局を揶揄した。パスカルは一八番目の『田舎の友への手紙』のなかで、イエズス会士の鼻先に一六三三年の判決の醜行を突きつけ、「諸君はガリレオに反対してローマの命令を勝ち取ったが、それは空しいことだ［……］。そんなことをしたって、地球が動かない証明になるわけではない」と書いた。

太陽中心説の真理は、十七世紀には徐々にではあるが、おのずから広だった。確かに判決は一いかなる名目と形式においても」証拠を探求してはならないとさだめ、真理が二度と確かめられないための確実な手だてとした。しかし、オランダとイギリスではプロテスタントの学者がますます増えた。一七〇〇年前後、すなわちニュートンの時代には、地球が回転している説に反対する学者は誰一人いなくなった。にもかかわらず『トレヴー』誌[1]（イエズス会の会誌）は一七〇四年、「コペルニクス説は完全な誤り」と宣言し、一七三〇年になっても本気で疑問を表明した。

（1）一七〇一年、会が収集した諸科学の知識をもとにつくられた会誌で、当時のドンブ公国トレヴーの印刷所で発行されたため、『トレヴー日誌』などとも呼ばれ、一七八二年まで存続した〔訳註〕。

このような見解が成立しえなくなると、一六三三年の審判はその影響力の大きさゆえに有害な過ちと化し、教会当局の信用性を危うくしかねないものとなった。そこで教会は、慎重な態度、柔軟な姿勢、詭弁等をさまざまに組み合わせ、全力をふるってその過ちを克服し、しかも新たな状況に合わせてその言説の内容をすべて翻しながら絶対に間違いを否認しつづけた。

教会がまず行なったのは、禁止事項の黙殺である。それは「非合法すれすれなまでに秘密裏に」なされていったと、ジョルジュ・ギュスドルフは言っている。たとえば一八二二年、検邪聖省は教会参事会員セトレの『光学ならびに天文学要論』にたいして印刷許可を拒みながら、地動説を教える書物の印刷を認めた。コペルニクスの著作とガリレオの『天文対話』は、一八四六年になってようやく、しかも実にこっそりと禁書目録から外された。

一方、十九世紀になって実証主義者、自由思想家、科学者等はガリレオを教会の反啓蒙主義への有力な対抗馬と見なすようになった。オーギュスト・コント[1]の実証歴は、コペルニクス週があるビシャ月七日を、人類教の殉教者ガリレオの生誕日とした[2]。反教会的な画家たちは、ガリレオ誓絶の場面をドラマチックなタッチで描いた。こうした挑戦にたいして、十九世紀の教会は直接的な反撃に迂回作戦をまじえて対決した。一八三三年、アレクシス・アルドゥワン神父は『科学対宗教』においてガリレオを、傲慢で不敵で忌まわしい挑発者だといい、その「頑固、執拗、皮肉、大胆さ」ゆえに有罪とされるべき人間だとした。一九〇四年、のちのオルレアンの司教ジビエ神父もまた、『人間会議』において遠慮がなかった。

（1）一七九八～一八五七年。フランスの哲学者、社会学者。社会学の体系を樹立したのち、宗教に傾き、人類学を唱えた。著書に『実証哲学講義』など〔訳註〕。

（2）実証暦とは、一八四九年にコントによって提案された暦法。余日と閏日を除くすべての月と日に、歴史に強い影響を与えた人物の名がつけられている。ビシャ（フランソワ・グザヴィエ、一七七一～一八〇二年）はフランスの医者で生物学者〔訳註〕。

ガリレオは偉大な科学者であり、地球が太陽を中心に自転していることを発見したが、教会は彼を有罪と判断して罰を加えたと言われている。このことについて三流以下の歴史家はわれわれにデタラメを教え、大通りや町の道化師や軽業師はいかにもひどい扱いを受けた気の毒なガリレオを演じてみせる。要点を整理してみよう。われわれは物語ではなく歴史をつくらなければならない。そしてガリレオ事件において、大騒ぎをする必要は何もなかったことを知らなければならない。

歴史をつくりなおそうとして神父は、新たなガリレオ像を示してみせる。彼によればガリレオの罰は大勢の召使いがいる御殿に六か月間閉じこめられたにすぎない。そして七十八歳まで立派に生き延びたことは、「司祭たちからひどい拷問を受けた人間としては長寿をまっとうした」と付言した。

正面攻撃ばかりではない。この問題でカトリックの作家たちから再度かつぎだされたジビエ神父は、今度は攻撃をかわす。世間では教会がガリレオと科学的真理に有罪を宣告したといわれる。しかし、それは根拠のない非難だ。一体誰がガリレオに宣告を下したというのか？「ローマの一信徒会ではないか。しかも信仰問題では必ずしも無謬とはいいがたく、まして科学的問題では間違えないとはいえない会が下した」。教皇はこの事件には何の関係もないし、彼はこの判決を承認しなかった。

ガリレオを有罪とした勅令に教皇の署名はなかった。したがって教会当局は、この事件にはかかわっていない。教皇は検邪聖省の決定を承認しなかった。それどころか宣告を非難したのである。

一九〇七年の『聖職者の友』誌はガリレオ事件にかんして質問したある司祭にたいし、「この事件で教会指導部に責任はない」と答えた。教会が非難されるいわれはないし、教会の無謬性についても当然問題はない、というのだ。E・ヴァカンダール〔エルフェージュ、一八四九〜一九二七年。フランスの神学者〕は、一九一三年の『ガリレオ裁判』においてこの問題に立ち返った〔ヴァカンダールは、かりに教会の教導性が問題とされていたら、判決ははるかに重くなっただろうとしている〕。また、一九二九年の『三重宝冠のもとの天才、ウルバヌス八世とガリレオ』においてピエール・オーバネルは平然といってのけた。

教会はガリレオの良心を踏みにじってはいない。彼に、自分が信じる科学理論を否定するよう命じ、虚偽と思う別の理論を強制したりはしていない。教会は地球が回っていることを認めることを禁止せず、ただそれを公的に説くことを禁じただけである。

残りは内容だ。とくに聖書解釈の問題がある。ここでも教会の態度の豹変が見られる。しかもその転向はきわめて長い時間をかけてなされたので、矛盾はほとんど気づかれなかった。一七五七年、ベネディクトゥス十四世は、太陽の運動にかんする聖書の文言を、象徴的に解釈することを許した。一八九三年の回勅「最高の摂理」のなかで、レオ十三世はガリレオが有罪とされた見解とまったく同じ立場を採った。たとえば、聖書がわれわれに教えようとしているのは世界の動きではなく、救済の道にかんすることであり、そのことを理解させるために一般的な言語を使った。だから聖書の言葉を文字通り受け取ってはならない、ということをガリレオは語った。はたしてレオ十三世は、以下の文で、それとは別のことをいっているであろうか?

まず第一に、聖書を書いた人びとはいろいろなことを叙述し、比喩によったり、あるいはこんにち日常生活で使われているような普通の言語によったりしながら語ったということを考慮しなければならない。

こんな言葉は、一六三三年の検邪聖省ならば、間違いなく罰したであろう。現在の聖書解釈上の観念についてはいうまでもあるまい。ガリレオは絶えず教会分裂の火種となってきた。最近では二十世紀末における問題の再燃がある。第二ヴァチカン公会議〔一九六二年十月教皇ヨハネス二十三世のもとで開かれ、あとを継いだパウルス六世によって遂行されたカトリック教会の公会議〕は「歓びと希望」と題する憲章の宣言において、おずおずと自白めいたことを行なった。

ときには、キリスト教徒たち自身のあいだに少なからず見られるある一定の精神的態度に、遺憾の意を表明させていただきたい。それは、彼らが科学の独立の正当性を充分に認めなかったことから生じたことである。

一九六四年、ストラスブールの司教は学者ガリレオの復権を呼びかけた。枢機卿スーネンスは一六三三年の裁判を嘆き、神学者ハンス・キュングはこの裁判を大分裂「宗教改革」とならんで「教会史における三大事件の一つ」とし、「とくにこの事件において、教会が現代文化からわかたれ、塞がれることのない深淵が穿たれた」と述べた。一方、一六三三年の過ちを相変わらず認めようとしなかったり、それをたんなるボタンの掛け違いと見なす人びとがいた。彼らは、教会を敵視する人びとがこの事件を恥ずかしげもなく悪用したと考え、ためらうことなく言葉を逆転させ、近代科学を発展させた功績を教会に認める。一九八五年、パリの司教マリー・リュスティジェールは、そういうことを真面目に書く。

教会の世界は実験科学の発達の原点である〔……〕。ガリレオ事件にかんしていうならば、歴史家はそれを誇張して扱った。この問題にかんする最近の著作がその点を明らかにしている。事件は、見かけほど明確ではないのである。

新キリスト教護教論は全体として、アレクサンドル・コジェーヴ〔一九〇二～六八年。ロシア出身の哲学者。ヘーゲル研究家〕の極論を利用し、現代の機械論的科学は、受肉の教義によって物質の尊厳を高めたキリスト教的枠内でしか発達しえなかったとし、しかもこの枠こそは造物主から決別した創造の概念によって、オカルト的介入の恣意から見事に解放された仕掛けとしてこの受肉の教義を非神聖化したと主張する。このようにあらゆる進歩の可能性をキリスト教的精神の枠外にたいして拒否する普遍的再興の精神は、ガリレオ事件を巨大な全面肯定の総体のなかに埋没させようとする。ミシェル・セールでさえ、「現代科学は、［……］「受肉」の存在する文化のなかでしか生まれえなかった」と考えるコジェーヴと同様、「ガリレオ事件は私にとって伝説でしかない」と西暦二〇〇〇年に記した。

だからこそ彼は、ガリレオの名誉回復をはかるヨハネス・パウルス二世の積極的企てを、「演出」としてしか見ない。この演出については別な意味での疑問がありえる。この企ては、すでに一九八三年、すなわちガリレオ裁判後三五〇年を記念するため、教皇によって発案された。そして一九九二年、過ちを分かちあおうという、いささか曖昧さがないでもない宣言となって実った。十月三十一日、教皇庁科学アカデミーのまえで、ヨハネス・パウルス二世は次のように述べた。

地球が宇宙の中心であるという表現は、当時の文化においては一般的に認められており、相呼応して聖書の教えも、それを文字通りにとれば地球中心説を肯定しているかにみえました。したがって、当時の神学者が考えた問題は、太陽中心説と聖書をいかに両立させられるか、ということでした。こうして新しい科学は、その方法論とそれらにともなう研究の自由とを通して、神学者に適切な聖書解釈の基準を考えるように迫ったのです。そして大半の神学者は、それに答えることができませんでした。

教皇はさらに語る。

逆説的なことですが、ガリレオはこの問題を、彼の敵対者である神学者以上に深く洞察していました。

ついで教皇は、みずからも「ガリレオ伝説」と呼ぶものが、反教会主義に利用されたと非難する。

ガリレオ事件は一種の伝説となりました。この伝説のなかでは、人びとが事件についてつくりあげたイメージは現実からはかなり離れていました。そのような視点で見ると、ガリレオ事件は科学の進歩にたいする教会による公然たる拒否の象徴、あるいは真理探究の自由にたいする独断的な反啓蒙主義の象徴となりました。この伝説は文化にたいして大きな影響をあたえました。というのは、多くの良心的な科学者の心に、科学的精神やその研究上の倫理と、キリスト教の信仰とのあいだには両立しえないものがあるという考えが定着してしまったからです。悲劇的な相互の無理解は、科学と信仰の構造的対立の反映と解釈されました。最近の歴史研究がもたらした解明によってわれわれは、この痛ましい誤解が今や過去のものとなりつつあると断言することができるのです[1]。

(1) 著者ミノワは、教皇が人工的産児制限に反対したり(一九七九年の回勅『人間の贖い主』)や、原罪を人類の歴史の始まりととらえている(一九八六年九月十日の講演)点などから、完全に科学と宗教の調和を目指しているかのような言説に疑いを抱いている。参考文献ME2、三〇九頁、五〇二頁〔訳註〕。

結論

ガリレオが偉大であるゆえんは、その科学的発見にあるのではない。その意味で見るなら、ケプラーやニュートンのほうが彼より上であろう。太陽中心説を彼はコペルニクスから受けついでいるし、望遠鏡はオランダ人からの借り物だ。彼は確かにいろいろな法則を発見したが、多くの誤りも犯した。人間的にも、強烈な親愛感をもたれる人ではない。どちらかといえば、ドライな堅物、頑固で皮肉屋で、横柄で自信過剰である。思想を共有する友人は何人かいるが、センチメンタルな時代は、長くはつづかなかった。

彼の真の偉大さは二つの面に存在し、両者は密接に結びついている。それが彼の科学的方法論と、宇宙にたいする一般的概念というより哲学である。彼の方法論は、物理現象の研究にたいして厳密な数学的推理を適用することである。彼は、これを行なえば実験の必要はないという確信をもっていた。そのような確信は、宇宙は合理的で首尾一貫した特徴をもっているという信念に由来している。世界は正確な時計のように見事な機械であり、その機構は、例外、奇跡、オカルト的作用など一切ない数学的法則によって統御されている。これらの法則を一つ一つ発見していくことが科学の目的であり、科学は理性を用いることによって、神の知に到達する。

ガリレオは、デカルトとは精神的な意味で兄弟である〔両者はともに神を個人の問題としてとらえ、理性によって神の存在に近づくことができると考えている。これに対してパスカルは神を理性を越えた存在と考えた〕。二人はともに理性の善用こそが、人間が進歩するうえでの唯一の手段と考えているからだ。もちろん、神はこの宇宙の安定性の保証である。とはいえ、パスカルがデカルトにかんして見抜いたように、時計の神は最終的には舞台から消されていくのだ。いったん振り子をはじけば、この神はもういなくてもいい。世界に「仮説」が存在するとすれば、それは太陽中心説ではなく神そのものだ。そのように考える点では、ガリレオはラプラス(1)からあまりかけ離れていない。ガリレオは、知的には超越的知性の存在を信じていたが、それは宗教的精神を意味しない。同棲生活によって三人の私生児をもうけながら、そこからはまったく道徳的問題は起こらなかった。多くの局面でガリレオは科学主義を予告している。あるいは、彼が考えるような科学が、真の宗教となっていくのかもしれない。

(1) ピエール＝シモン、一七四九〜一八二七年。フランスの天文学者、物理学者。存在するすべての原子の位置と運動量を知ることができるような知性を仮説として考えた。このように神に近い存在は、のちに「ラプラスの魔」と呼ばれた〔訳註〕。

ガリレオの特異な点は、科学の熱心な勧誘者となったことである。この点で彼は、自分たちの秘密を執拗に守りつづけたルネサンス時代の人文主義者と大きく異なる。彼には常に人を説得し、真理を広めようとする心があった。そして、それを文才によって実行した。こうなるともう彼は論客であり、エッセイストであり、ときには皮肉を交え、優れた教育的感覚を発揮し、想像上の実験さえも描写するにいたった。科学はそのゲットーから出て、大衆に触れなければならない。彼は普及者となることをためらわなかった。

このような男が、潜在的に危険な厄介者で、肉体的には抹殺できないとしても、おとなしく元の鞘に納まらせるべき人間と見なされたことは、想像にかたくない。もう一つまずい点があった。彼は一人なのだ。つまり、個人主義台頭の代表なのだ。それが、信仰にたいする科学の自主性ばかりか、教会や修道院の集団的思想にたいして個人の表現の自由を要求している。教皇や司教は教会の名において語り、イエズス会士やドミニコ会士は僧院の名において説く。こうした集団的な思想は、それ自体が一つの真理の保証であった。ところがガリレオは、自分の固有名詞で語った。たった一人の彼が主張したとして、強大な、しかも聖書から啓示を受けている集団にたいしてどうして勝利しえたろうか？　ましてあのカトリック改革の時代においては、満場一致の支持がいっそう強く要請されていたのである。イエズス会の壮大な文化的企図のまっただなかにあって、あの不協和音は、許しがたかった。

そればかりではない。彼は、科学はつねに歩みつづけると説いた。科学においては、決定的に獲得されるものは何もない、人間は総合から次の総合へと進むだけだと言った。一方、人びとは完全で、決定的で、直接的で、不動の体系を必要としていた。アリストテレスが見直されたり、修正されれば、大変なことになるだろう。境界線のはっきりしない宇宙、いつまでたっても数学的に解明しきれない宇宙などに、どうして煩わされなければいけないのか？　十七世紀の教会にとって科学的研究は、時代の優先課題ではなかった。すでにすべてが知られている世界体系こそが、宗教の復権というきわめて重要な課題のために利用可能な体系だった。ガリレオは、あやまった時代に生まれたのである。

訳者あとがき

主がアモリ人をイスラエルの人々に渡された日、ヨシュアはイスラエルの人々の見ている前で主をたたえて言った。

「日よ とどまれ ギブオンの上に　月よ とどまれ アヤロンの谷に。」

日は とどまり　月は 動きをやめた　民が敵を打ち破るまで。

旧約聖書「ヨシュア記」の一節（一〇・一二～一三、日本聖書協会訳）である。「主」はむろんユダヤ教の神、すなわちヤハウェ（YHWH）である。冒頭からこの訳を引用したのは、本書の主人公たるガリレオ・ガリレイがコペルニクスの太陽中心説（すなわち地動説）を公然と唱えて、聖書のこの文言に抵触したため、ローマ教皇庁からにらまれ、周知のように裁判を受けたからだ。確かにこの言葉から考えれば、地球は止まっていて太陽や月は動いていると受けとめられる。とはいえ、聖書はここでもまた他の場所でも、とくに地球が中心で、その他の天体はその周りを回っているなどと教えているわけではない。何も目くじらたてるほどのことはない、……と現代のわれわれなら考える。だが、およそ一千年にわたってヨーロッパ社会に精神的にも世俗的にも君臨しつづけてきたキリスト教にとって、その聖典に寸分たりとも違背することは、すなわち絶対的権威に逆らうことであり、ましてルターによって屋台骨を揺るがされはじめたローマ教会に対する一大反逆とみなされたのは当然であった。

しかし、当然といえばガリレオが「太陽中心説」を唱えることもまた当然だったのである。すでに一世紀近く前の一五三五年、コペルニクスは論文『地球の動き方』を書いたが、死期が近くなった一五四三年、『天体の回転について』という著作を世に発表していた。ガリレオが第一次裁判を受けたのは一六一二年、そして第二次裁判で異端の誓絶を迫られ、生涯蟄居を命じられたのは一六三三年だ。この一世紀ちかいあいだ、プロテスタントの国イギリスでは、たとえばディッグスなどが、ほぼわれわれ現代人が描くような宇宙図（本文二二頁）を完成しているのである。ガリレオがコペルニクス説に傾きはじめたのは、パドヴァ時代すなわち十六世紀末からである。そしてこのときすでに、この説は真偽は別として、計算上の便利な仮定として利用することが公然とみとめられており、この点で彼はむしろ出遅れていた。

だが一六一〇年、ガリレオはみずから発明したと称する望遠鏡を手にして空を見上げ、人類史上初めて三三倍に拡大された宇宙の世界をみいだした（彼が発明したと自負するこの望遠鏡は現在フィレンツェの科学博物館に展示されている）。そこで、のっぺらぼうだといわれた月の表面が凸凹だったり、完全無欠ともいわれた太陽に黒点があることを知ったとき、中世以来の宇宙観から抜けきれていない彼が受けた衝撃と驚愕は、われわれの想像を絶するものであったろう。現代なら、まさにノーベル賞級の発見である。この瞬間から、ガリレオは「太陽中心主義者」に変身していったといえよう。

それにしても、とりわけガリレオだけが突出して教皇庁に注目されたのは、彼がこのコペルニクス説ばかりでなく反アリストテレスの思想の「宣伝マン」となったからだ。あるいは著者がいう「お騒がせ屋」としてすすんでそうした普及活動を開始したからだ。その後一六三三年までの経緯は、本書の前半にあるとおりである。たしかに彼の活動には、野心と過剰な自信、そこから来るミスがあったし、それがみずから不幸な結果を招いたという説（他にもいくつか説はあるが）は納得できる。またそれがガリレオ裁判について教皇庁を弁護する有力な根拠として利用されてきたということも理解できる。

結局、生前のガリレオは敗れた。著者はいう。

「このような男が、潜在的に危険な厄介者で、肉体的には抹殺できないとしても、おとなしく元の鞘に納まらせるべき人間と見なされたことは、想像にかたくない。もう一つまずい点があった。彼は一人なのだ。つまり、個人主義台頭の代表なのだ。それが、信仰にたいする科学の自主性ばかりか、教会や修道院の集団的思想にたいして個人の表現の自由を要求している。教皇や司教は教会の名において語り、イエズス会士やドミニコ会士は僧院の名において説く。こうした集団的な思想は、それ自体が一つの真理の保証であった。ところがガリレオは、自分の固有名詞で語った。たった一人の彼が主張したとして、強大な、しかも聖書から啓示を受けている集団にたいしてどうして勝利しえたろうか？」（本文一六七頁）。

ではガリレオは「単なる事件屋」、「お騒がせ屋」だったのか？　彼自身の反論を聞こう。

「聖霊は、われわれがどのようにしたら天に行けるかを教えますが、天がどのようになっているかは教えてくれません。地球や太陽が動いているのか、動かないのかといったことは、信仰の問題ではなく、人間の風習に何ら影響をあたえません」（本文八二頁）。そして著者は、ガリレオのこの主張にもとづき、ガリレオを近代的思想家として位置づけようとする。

「つまり科学が事実を証明すれば、それが聖書の文字と矛盾するように見えても、学者が立場を変えることはない。もしその事実が厳密に正しいと証明されれば、神学者は聖書の解釈を変えることによって信仰上の一致を改めて確立すればよい。もし真実らしく見えたとしても、それが科学的真実として厳密に証明されないならば、神学者はそれが虚偽であることを証明しなければならない。『なぜならばこの義務は、それが虚偽だと主張する人間に帰着するからです』」（本文八二頁）。ガリレオの主張は挑発的ではあるが、堂々たる科学の独立宣言である、というわけだ。同時にミノワは、死せるガリレオ、つまりガリレオの亡霊が、以後三世紀半にわたってローマ教会と戦いつづけたことを明らかにする。この戦いのなかで教会は、科学知識の発達と普及によって歴然たる真理の前にさらされていくばかりでなく、ガリレオ裁判の過ちを隠蔽し、弁解し、ガリレオの書物を禁書目録から隠然と外さざるをえなくなっていく。この自縄自縛の過程をミノワは容赦なく告発していく。ガリレオが犯した個人的な過ちを裁いた教会は、のちのちまで「語りぐさにまでなった誤謬」、「記念碑的な一大誤謬」を犯した……とミノワは厳しく断罪しいる。あえて訳者がこのように言うのは、著者はこの立場を別の著作『科学と教会』の第一巻末尾で次のようにはっきりと表明しているからである。「十七世紀前葉（のガリレオ裁判の結果）、ローマ教会と科学との決別は決定的となった。以後、両者はたがいに遠ざかり、十九世紀まで文字通り争いつづけ、ようやく二十世紀後半になって両者のあいだの溝を埋める試みがなされ始めた」（参考文献M

E1、四一五頁）。この言葉を境にその第二巻の大半が、教会の過ちから生まれた弊害と、ガリレオの名誉回復に捧げられていることはいうまでもあるまい。

二十一世紀を迎えて一〇年以上経たいま、宗教に対する科学的真理の優越は、陳腐なことと聞こえるかもしれない。しかしわれわれは最高の科学的知識を学んだ人間がいかさまカルト集団に属したり、真理を曲げて国策に仕えた学者のせいで大きな犠牲者を生む事故が起きたりするのを見るとき、ガリレオの真理に憑かれた姿をもう一度見直すべきではないかと思う次第である。

翻訳について一言。無数の邦語、仏語（英語、伊語からの翻訳を含む）文献のなかから、主として事実確認などの意味で参考にしたもののみを、アルファベットの略号を付して巻末に挙げた。また本文中、引用された文で邦訳のあるものについては、照合した文献の頁数を示したが、多くの場合、訳そのものは、本文の流れにしたがって拙訳を優先させたことをお断りしておく。

なお本書の原題は、Georges Minois, *Galilée*（Coll. « Que sais-je ? » n°3574, P.U.F., Paris, 2000）である。訳出に当たっては、いつもながら友人のクレール・カプレール（パリ国立科学研究所研究員）女史に難解部分の解説をお願いした。また、当初きわめて不備なまま原稿をお渡ししてしまった白水社編集部の中川すみさんにも、多大なご迷惑をおかけした。お二人に心からのお詫びと感謝を申し上げる。

二〇一一年六月

幸田礼雅

参考文献
（原書巻末）

ガリレオの総合的伝記として

L. Geymonat, *Galileo*, Turin, 1957 (trad. franç., Le Seuil. « Points Science », 1992).

S. Drake, *Galileo*, Oxford, 1980（trad. franç., Actes Sud, 1986）.

J.-P. Maury, *Galilée, Le messager des étoiles*, Paris, 1986（とくに図版が有用）.

全集として

A. Favaro, *Le Opere di Galileo Galilei*, 20 vol., Florence, 1899-1909, dernière réimpression en 1968. En français sont parus les *Discours concernant deux sciences nouvelles*, Paris, A. Colin, 1970.

L'Essayeur, Paris, Les Belles Lettres, 1980.

Le Messager des étoiles, Paris, Le Seuil, 1992.

Dialogue sur les deux grands systèmes du monde, Paris, Le Seuil, 1992.

科学的側面について

M. Clavelin, *La philosophie naturelle de Galilée*, Paris, 1968.

S. Drake, *Galileo : pionner scientist*, Toronto, 1990.

A. Koyré, *Études galiléennes*, Paris, 1939.

W. Shea, *Galileo's intellectual revolution*, Science History Publications, 1977 (trad. franç., *La révolution galiléenne*, Paris, 1992).

Collectif : *Galilée. Aspects de sa vie et de son œuvre*, Paris, Centre international de synthèse, 1968.

文化とローマ教会の関連について

E. Namer, *L'affaire Galilée*, Paris, 1965.

P. Redondi, *Galileo eretico*, Turin, 1983 (trad. franç., *Galilée hérétique*, Paris, 1985).

とくにP＝N・マヨーによる，レドンディに対する反論について

Une nouvelle affaire Galilée?, *Revue d'histoire des sciences*, 1992.

G. de Santillana, *The Crime of Galileo*, Chicago, 1955 (trad. franç., *Le procès de Galilée*, Paris, 1955).

ローマ教会にかんして

P. Poupard, *Galileo Galilei, 350 ans d'histoire*, 1633-1983, Tournai, 1983.

裁判記録の刊行について
J.-L. Russell, What was the crime of Galileo?, *Annals of Science*, 52, 1995.
M. P. Lerner, Pour une édition critique de la sentence et de l'abjuration de Galilée, *Revue des sciences philosophiques et théologiques*, t.82, octobre 1998.
F. Beretta, Le procès de Galilée et les archives du Saint-Office. Aspects judiciaires et théologiques d'une condamnation célèbre. *Revue des sciences philosophiques et théologiques*, t.83, juillet 1999.

参考文献
（訳者による）

AK1 アレクサンドル・コイレ『ガリレオ研究』（菅谷暁訳），ウニベルタシス，1988年.
AK2 アレクサンドル・コイレ『コスモスの崩壊――閉ざされた世界から無限の宇宙へ』（野沢協訳），白水社，1974年.
A S 青木靖三『ガリレオ・ガリレイ』，岩波新書，2009年.
CG カンパネッラ『ガリレオの弁明』（沢井繁夫訳），工作舎 , 1991 年.
GN ガリレオ・ガリレイ『偽金鑑識官』（山田／谷訳），中央公論新社，2009年.
GS1 ガリレオ・ガリレイ『新科学対話』上（今野／日田訳），岩波書店，1937年.
GS2 ガリレオ・ガリレイ『新科学対話』下（今野／日田訳），岩波書店，1948年.
GS3 ガリレオ・ガリレイ『星界の報告』（山田／谷訳），岩波書店，1976年.
GT1 ガリレオ・ガリレイ『天文対話』上（青木靖三訳），岩波書店，1993年.
GT2 ガリレオ・ガリレイ『天文対話』下（青木靖三訳），岩波書店，1993年.
JM ジェームズ・マクラクラン『ガリレオ・ガリレイ 宗教と科学のはざまで』（野本陽代訳），大月書店，2007年.
LG ローラ・フェルミ／ジルベルト・ベルナルディーニ『ガリレオ伝』（奥住喜重訳），講談社，1977年.
SA W・シーア／M・アルティガス『ローマのガリレオ：天才の栄光と破滅』（浜林正夫／柴田知薫子訳），大月書店，2005年.
SG サンティリャーナ『ガリレオ裁判』（武谷／一瀬訳），岩波書店，1972年.
GG Ludovico Geymonat, *Galilée*, Robert Laffont, 1957.
DG David Whitehouse, *Galilée, vie et destin d'un génie de la renaissance* (Trad. fr.), 2009.
ME1 Georges Minois, *L'Église et la science* tone1, Fayard, 1990.
ME2 Georges Minois, *L'Église et la science* tone2, Fayard, 1991.
NH Yaël Nazé, *Histoire du télescope*, Vuibert, 2009.

訳者略歴
幸田礼雅（こうだ・のりまさ）
一九三九年生まれ、一九六六年東京大学仏文科卒業、西洋美術専攻。
主要訳書
R・エスコリエ『ドーミエとその世界』（美術出版社）、A・フェルミジエ『ロートレック』（美術公論社）、J・アデマール他『版画』（白水社文庫クセジュ）、A・デュマ『がんくつ王』（ポプラ社文庫）、C・シュベル『伝記・オーデュボン』（TBSブリタニカ）、J・ギトン他『神と科学』（新評論）、ヘンリー・H・ハート『ヴェネツィアの冒険家』（新評論）、M・アルテール『救出者』（日本放送出版協会）、C・カプレール『中世の妖怪、悪魔、奇跡』（新評論）、M・ラシヴェール『ワインをつくる人々』（新評論）、T・ランツ『ナポレオン三世』（白水社文庫クセジュ）

ガリレオ
伝説を排した実像

二〇一一年七月　五　日印刷
二〇一一年七月二五日発行

訳　者 © 幸田礼雅
発行者　及川直志
印刷所　株式会社平河工業社
発行所　株式会社白水社

東京都千代田区神田小川町三の二四
電話　営業部〇三（三二九一）七八一一
　　　編集部〇三（三二九一）七八二一
振替　〇〇一九〇―五―三三二二八
郵便番号一〇一―〇〇五二
http://www.hakusuisha.co.jp
乱丁・落丁本は、送料小社負担にてお取り替えいたします。

製本：平河工業社
ISBN978-4-560-50959-3
Printed in Japan

文庫クセジュ

歴史・地理・民族(俗)学

文庫クセジュ

828 クロアチア
831 クローヴィス
834 プランタジネット家の人びと
842 コモロ諸島
853 パリの歴史
856 インディヘニスモ
857 アルジェリア近現代史
858 ガンジーの実像
859 アレクサンドロス大王
861 多文化主義とは何か
864 百年戦争
865 ヴァイマル共和国
870 ビザンツ帝国史
871 ナポレオンの生涯
872 アウグストゥスの世紀
876 悪魔の文化史
877 中欧論
879 ジョージ王朝時代のイギリス
882 聖王ルイの世紀
883 皇帝ユスティニアヌス
885 古代ローマの日常生活
889 バビロン
890 チェチェン
896 カタルーニャの歴史と文化
897 お風呂の歴史
898 フランス領ポリネシア
902 ローマの起源
903 石油の歴史
904 カザフスタン
906 フランスの温泉リゾート
911 現代中央アジア
913 フランス中世史年表
915 クレオパトラ
918 ジプシー
922 朝鮮史
925 フランス・レジスタンス史
928 ヘレニズム文明
932 エトルリア人
935 カルタゴの歴史
937 ビザンツ文明
938 チベット
939 メロヴィング朝
942 アクシオン・フランセーズ
943 大聖堂
945 ハドリアヌス帝
948 ディオクレティアヌスと四帝統治
951 ナポレオン三世